AF412324

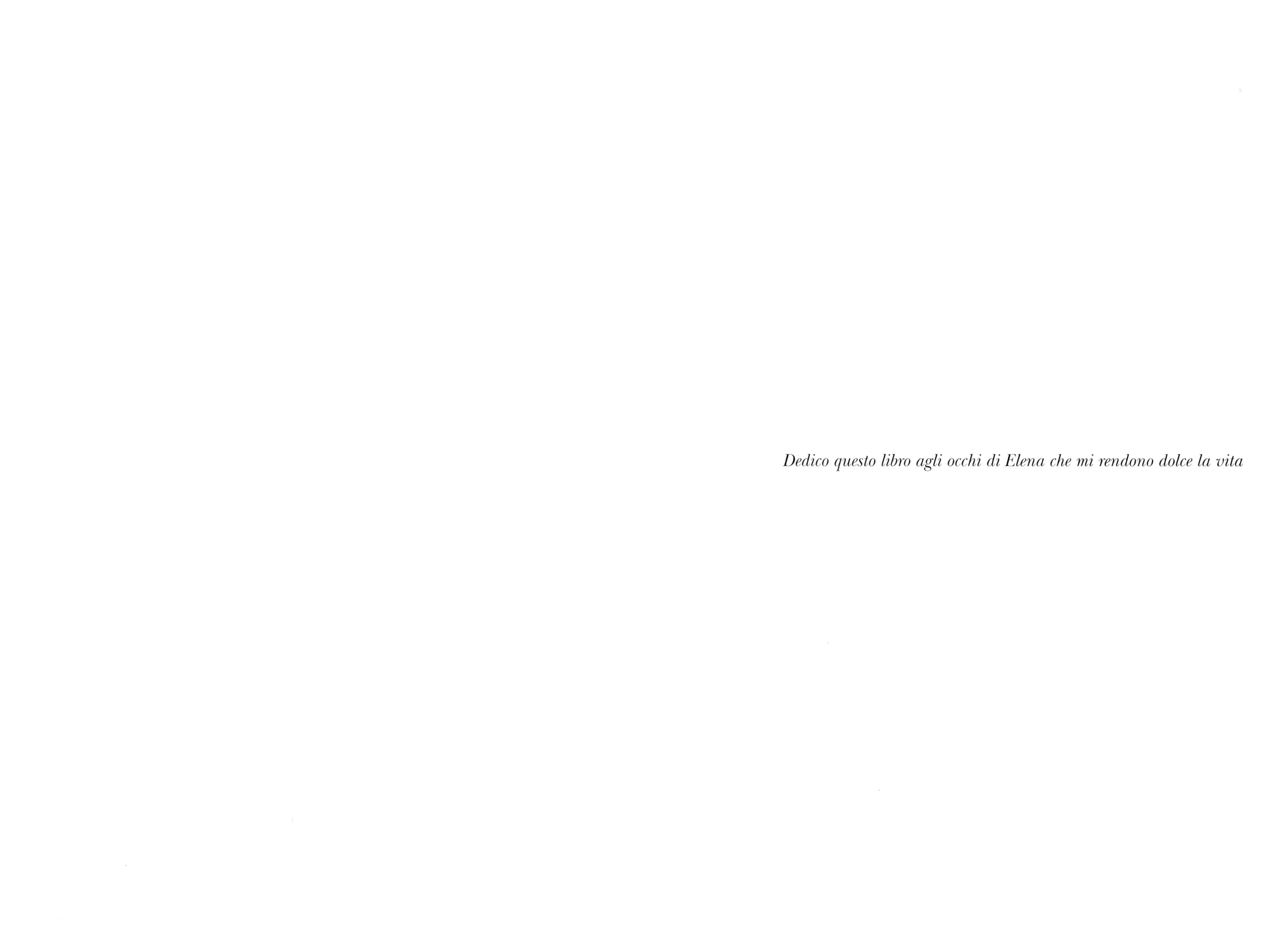

Dedico questo libro agli occhi di Elena che mi rendono dolce la vita

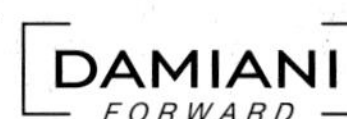

DAMIANI
FORWARD

DAMIANI © 2006

DAMIANI EDITORE
Via Zanardi, 376
Tel. +39.051.6350805
Fax +39.051.6347188
40131 Bologna - Italy
www.damianieditore.it
info@damianieditore.it

Translation
David Smith

Printed on
Magno Satin 170gr.
distribuited by

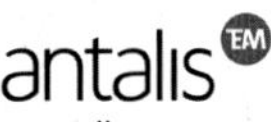

antalis.com

ANDREA GARUTI VIEWS

URBE TREMULA
Gianluca Marziani

Andrea Garuti si presenta con un volume che sintetizza il suo sguardo tematico e la sua disposizione interiore. E' un esordio importante per raccogliere il risultato di un nomadismo tra *grandi città* del Pianeta. Un'avventura iniziata alcuni anni fa per poi proseguire nel tempo, secondo quel coerente moto oscillatorio tra immagine e cultura.

Gli attuali scatti del progetto sono stati realizzati a *Barcellona, Havana, Hong Kong, Mosca, Shangai, Tokio, New York, Dallas, Parigi…* Domani si aggiungeranno nuove metropoli, le città d'arte italiane, luoghi insospettabili, piccoli centri, spazi di varia tipologia. Una saga visiva che abbiamo introdotto con un piccolo catalogo pubblicato a giugno 2006, contenente ventisei scatti che oggi completano questo volume. Il primo, speriamo, di una serie sulle città ma anche sulle altre tematiche che Garuti sta esplorando con meticolosa pazienza "orientale".

I lavori rappresentano un occhio inaspettato sui luoghi del mondo attuale. Visioni privilegiate che tremano come fossero in preda al raptus elettrico di una vitalità schizoide. Sono il cuore dei nostri immaginari, l'organismo metropolitano che assume sembianze inaspettate, tra collagismo e tensione filmica ma senza retorica o toni da scopiazzo. Tutte le immagini racchiudono il senso metabolico del progresso urbano, lo spostamento meccanico in avanti, lo sguardo turistico che scivola dai finestrini di taxi o limousine. Sono visibilmente mosse eppure si bloccano in una messa a fuoco netta e accecante. Vibrano con un dinamismo strutturale che diventa l'entropia stessa del loro costante mutare. Un lavoro che ribalta la matura semplicità della costruzione formale in un risultato complesso e multiforme, dotato di carattere estetico e assonanze interiori. Seducente da vedere, profondo per storia e risultato, veggente nella sua osservazione privilegiata sul futuro.

Garuti inscena il sentimento atavico della metropoli in vetro, ferro e cemento armato. Disvela il cuore pulsante degli edifici, la loro potenza muscolare ma anche la flessuosa adattabilità delle architetture più attuali. Al contempo, sente il battito caldo delle città ad alto carico mnemonico. Come accade, ad esempio, con la cubana Havana, tra colori terrosi ed appassionati, scarificazioni e sgretolature sublimi. O in una Barcellona dove le geometrie calde si trasformano in volumi astratti dalla conformazione decisa. Il movimento interno diventa l'incarnazione organica di luoghi che crescono sulle storie individuali, tra fatica e passione umana, bellezza ed eccesso, realtà e utopia. Vediamo al centro il grande contenitore urbano mentre intravediamo le presenze umane, sempre più piccole, sporadiche, dislocate. Campi lunghi in cui tutto, sotto la pelle apparente, parla di umanità vitale, di progresso e impegno civico, di sfide e problemi sor-

montabili. Panoramiche sulla verità del nostro mondo e sui piccoli segreti che ogni superficie nasconde.

La città come un *corpo vivo* in movimento random…

Mi colpì, alcuni anni fa, il reportage di Marco Pesaresi sulle metropolitane nelle grandi città mondiali. "Underground" fu un sensazionale spaccato emotivo lungo il più fluido dei mezzi di spostamento urbano. Migliaia di persone, facce di ogni etnia e cultura, stili che si mescolavano nelle serpentine sotterranee dei vagoni dalla pelle luminosa. Poco tempo prima mi aveva colpito il lavoro di Luca Pancrazzi, la sua abilità tecnica con cui raccontava i fatidici *nonluoghi* del presente. Opere dove il bianco su bianco ricreava ombre dissolte di spazi del dinamismo collettivo, o dove un light-box imponeva il pittoricismo filmico di veloci paesaggi in esterni. Due artisti complementari tra fotografia e pittura, tra lo scatto dai connotati pittorici e un dipingere dalla natura fotografica. Riferimenti eccellenti che hanno colto l'attualità di una piega collettiva, quella in cui Uomo e Società si somigliano e plasmano reciprocamente. Con risultati che da una parte focalizzano il senso universale del nonluogo, quindi il valore storico, ma anche pratico, di raccordi, autostrade, aeroporti…; e dall'altra confermano i limiti umani, la difficoltà nel digitalizzare a fondo la vita, il disagio davanti ad un virtuale che vorrebbe sopprimere, senza riuscirci, la carne ed il contatto fisico. Garuti mi sembra collocabile sul punto d'intersezione tra le due formule: una dominanza fotografica, nettamente riconoscibile, che esalta la natura pittorica dell'occhio/inquadratura. Vedendo le opere ho ritrovato l'ossessività nomadica di Pesaresi, una simile utopia da grande romanzo per immagini; ma anche il dinamismo cerebrale di Pancrazzi, la sua forma sfuggente tra istante e ricordo, verità oggettiva e memoria. Un progetto lodevole per la personalità complessiva, il valore iconografico, le doti tecniche. Utile, come nei migliori sguardi fotografici, per alcune riflessioni teoriche che leggono il succo meno evidente della società contemporanea.

La lezione di Marc Augé, teorico dei nonluoghi, ha riempito (con sano e spesso insano citazionismo) centinaia di testi d'arte, in modo così esaustivo da toccare svariate valenze non solo culturali. Simile sorte per i contributi di Jean Baudrillard, anche lui un talento preveggente sulle mutazioni ondose dell'oggi. I loro pensieri filosofici plasmano le nostre abitudini, diventano l'invisibile pratica del quotidiano. Ne siamo parte organica e non possiamo astrarci dal loro grado di conquistata normalità pratica. La loro intuizione teorica ha sottolineato il costituirsi della civiltà elettronica, cogliendone aspetti innovativi ma anche devianze e patologie pericolose. Sembrano sussurrarci che viviamo in uno stra-

no *memofuturo* nel quale gli artisti, indagando il domani, disvelano qualcosa della nostra memoria sopita, del rapporto perverso tra innovazione e patologia, tra leggerezza impalpabile e impatti duri del mondo.
Da quei nonluoghi nasce oggi un'ulteriore riflessione sugli *spazi fluidi* del contemporaneo (una sorta di sinonimo attualizzato dei primi). Che riguarda gli interstizi evoluti dei nonluoghi, i diaframmi laterali o di passaggio, i dettagli inclassificabili che, diventando normalità, vengono oscurati dalla distrazione collettiva. Vediamo tali spazi solo attraverso gli artisti visivi, gli unici che sopperiscono alle logiche astrazioni filosofiche e producono immagini di necessario completamento. Gli spazi fluidi si confermano il bacino di proliferazione per le *protesi dei nonluoghi*, ovvero, produzioni e strutture accessorie che supportano gli spostamenti e le relazioni veloci dell'umanità mobile. Pensiamo, ad esempio, all'architetto Rem Koolhaas che affronta i dettagli del mondo con una proliferazione da tassonomista creativo. Da tempo l'olandese parla di *junkspace*, lo spazio caotico di aeroporti, hall d'albergo, sale congressi, grandi magazzini... In un numero di Wired (giugno 2003) definisce 30 spazi che caratterizzano il presente: dal Public Space al Sex Space, dal modello Home Space al Dump Space e così via. Presenze di un'architettura concettuale che talvolta si realizzano sotto una committenza illuminata (senza Prada la sua teoria del negozio multifunzionale era ancora puro pensiero). Nonluoghi evoluti che, comprendendo molteplici protesi, delineano il nostro organigramma tecnologico, il ruolo e l'identità che copriamo durante gli spostamenti giornalieri. Una visione che definisce le coordinate ambientali degli spazi fluidi.

Il termine nonluoghi (per chi ancora non lo sapesse) identifica aeroporti, fermate di metropolitane ed autobus, stazioni ferroviarie, caselli autostradali ed autogrill... dove le persone attendono, cambiano, timbrano, pagano, incontrano, si rilassano... dove le forme artificiali plasmano il nostro ritmo, a misura di passaggi e intercapedini logistiche tra una tappa e l'altra. Tali luoghi appartengono alle necessità di spostamento fisico, permettono di unire punti distanti con tempistiche sempre più ridotte e strutture sempre più funzionali. Questo significa migliorare la qualità del muoversi ma anche viziarsi col sapore della condizione ottimale. Si sceglie il viaggio che risponde alle nostre esigenze. E poi si sceglie il *complemento* (protesi dei nonluoghi) per elevare quel viaggio: la musica che cambia fino alla cultura Mp3 di iPod; il computer portatile che permette connessioni senza fili tramite Bluetooth o Wireless; telefoni e palmari che rispondono ad esigenze multiple, orologi con funzioni parallele, auricolari senza fili, videocamere e fotocamere minuscole. Ma anche un abbigliamento più funzionale, un'oggettistica che amplifica i contenuti corporei, prodotti per il benessere fisico, cibi e packaging avanzati... Accessori, feticci, elementi indossabili e digeribili, sono le protesi che amplificano la condizione soggettiva del passaggio fluido. Le persone che ne fanno uso caratterizzano gli spazi in maniera differente, gli oggetti artificiali dialogano coi luoghi e i mezzi di spostamento. Tutto si connette verso l'utopia di una matrice unitaria, quella Grande Madre che potrebbe governare la nostra vita da un solo hardware (di contro, in nome di una resistenza umanistica, speriamo che ciò non accada).

Dagli spazi fluidi, conseguenza diretta dei nonluoghi, nasce il *limbo dei nonluoghi:* che riguarda alcune zone metropolitane, gli spazi di connessione veloce, un certo modello di nuova periferia, gli edifici per lo sport ed il tempo libero, l'immagine coordinata di negozi e catene, i suoni sintetici, i loghi con diffusione globale, le insegne, il design ikeizzato, il sesso nei locali hard, i locali hard con la loro scia di tacchi e biancheria fetish, le sirene di ambulanze e forze pubbliche, i telefoni cellulari, le televisioni ed i monitor, i software a diffusione internazionale, il transessualismo, i water ed i lavandini, le docce e le vasche, i preservativi, i personal computer, i medicinali e alcune malattie epidemiche, le moto giapponesi, la grafica omologata, le droghe, le parole preconfezionate, i superalcolici e i cocktail, i tassametri, le emozioni preconfezionate, la vita al microscopio... Il mondo reale alimenta la temperatura del limbo, creando interstizi indefinibili dove cresce il progresso ma anche l'omologazione più insidiosa. I territori del limbo aiutano le società capitalistiche, assimilano le distanze, diminuiscono il terreno dialettico, spompano le personalità forti. Il limbo è necessario ma va gestito con ragione suprema. Un minimo scarto separa l'eccesso della realtà da un plausibile vitalismo dell'irreale: in tale zona respira il limbo, connettendo le due dimensioni nel microscopico punto liminale tra il tutto ed il nulla.

Andrea Garuti racconta le città secondo inquadrature a campo lungo o lunghissimo, dandoci una versione cinetica e orizzontale dei grandi centri abitativi. In realtà si concentra su edifici e strade, punti strategici e skyline, muri e grattacieli, vecchie facciate e nuovi materiali, tenendo distante la grande massa umana che abita e lavora in quei siti. Tutto è dinamico come vuole il limbo dei nonluoghi. La visione collagistica dal montaggio sovrapposto esalta i volumi dialoganti, sottolinea le qualità dei materiali e degli inserti tecnologici. L'artista focalizza la dimensione matura di limbo, sempre al confine tra città e nonluogo, dentro un unico spazio fluido che assimila la battaglia fisica tra memoria e futuro.

La città come un corpo vivo in *movimento random...*

URBE TREMULA
Gianluca Marziani

Andrea Garuti steps forward with a book that synthesises his thematic eye and interior disposition. It's an important debut, collecting the result of his nomadic itinerary through the *great cities* of the Planet. An adventure begun several years ago which has proceeded in time, in accordance with the coherent oscillatory motion between image and culture.

The current project photos were taken in *Barcelona, Havana, Hong Kong, Moscow, Shanghai, Tokyo, New York, Dallas* and *Paris…* New metropolises will be added tomorrow**,** with Italian art cities, unsuspected places, little towns, spaces of various typologies. A visual saga that we introduced with a small catalogue published in June 2006, containing twenty-six photographs that now complete this book. The first, we hope, in a series dealing with cities, but also with other themes which Garuti is exploring with meticulous "oriental" patience.

The works represent an unexpected eye cast on places of today's world. Privileged visions that tremble as if prey to the electric raptus of a schizoid vitality. The heart of our collective imagination, the metropolitan organism that takes on unexpected semblances, between collagism and filmic tension but without rhetoric or tones of bad copying. All the images contain the metabolic sense of urban progress, mechanical movement forward, the tourist's glance slipping from taxi or limousine windows. They are visibly moving yet locked in a clear and blinding focus. They vibrate with a structural dynamism that becomes the very entropy of their constant mutating. A work that overturns the mature simplicity of formal construction, achieving a complex and multiform result that possesses interior assonances and aesthetic character. Seductive to see, deep in history and result, clairvoyant in a privileged observation on the future.

Garuti stages the atavistic feeling of the metropolis in glass, steel and reinforced concrete. He unveils the pulsating heart of the buildings, their muscular power, but also the flexibility of the most recent architectures. At the same time he feels the warm beat of the cities with a high mnemonic charge. As occurs, for example, with Havana, amid earthy passionate colours and sublime ripping and crumbling. Or in Barcelona where the warm geometries are transformed into abstract volumes of decisive conformation. The internal movement becomes the organic incarnation of places that grow on individual stories, between human effort and passion, beauty and excess, reality and utopia. At the centre we see the great urban container, while we glimpse human presences, increasingly smaller, sporadic, displaced. Long shots in which everything beneath the apparent skin speaks of vital humanity, of progress and civic commitment, of surmountable challenges and problems. Pan shots on the truth of our world and the small secrets that every surface conceals.

The city as *living body* in random movement…

Some years ago I was struck by Marco Pesaresi's reportage on underground railways in the world's great cities. "Underground" was a sensational emotional section along the most fluid means of urban transport. Thousands of people, faces from every ethnic group and culture, styles mixed in the subterranean snakelike winding of the bright skinned carriages. Shortly before this I had been struck by the work of Luca Pancrazzi, by his technical ability in dealing with the fateful *non-places* of our time. Works in which white on white recreated the dissolved shadows of spaces of collective dynamism, or where a light-box imposed the filmic pictorialness of fast landscapes in location shots. Both artists are involved in a complementary way with painting and photography, between photos with pictorial features and painting of a photographic nature. Excellent figures of reference who have seized the topicality of a collective turn of events in which Man and Society resemble and reciprocally mould one another. With results which on the one hand bring the universal meaning of the non-place into focus – i.e. the historical but also practical value of links, motorways and airports – and on the other hand confirm human limitations, the difficulty of fully digitalizing life, the unease when faced with a virtual that wants, but without succeeding, to suppress the flesh and physical contact. It seems to me that Garuti stands at the point of intersection between the two formulas: a photographic dominance, clearly recognisable, that exalts the pictorial nature of the eye/frame. Looking at the works I rediscovered Pesaresi's nomadic obsessiveness, a similar great utopian novel in images, but also Pancrazzi's cerebral dynamism, his fleeting form between instant and recollection, objective truth and memory. A project praiseworthy for its overall personality, iconographic value and technical gifts. And useful, as in the best photographic eyes, for certain theoretical reflections that interpret the less evident kernel of contemporary society.

The teachings of Marc Augé, theoretician of non-places, have (with sane and often insane recourse to quotations from his works) filled hundreds of art texts in such an exhaustive way as to touch on various values, cultural and otherwise. The same is true for the contributions of Jean Baudrillard, another talent of great foresight on the wavelike mutations of the now. Their philosophical thought shapes our habits, becomes the invisible practice of the everyday. We are an organic part of it and cannot abstract ourselves from their degree of conquered practical normality. Their theoretical insight has underlined the constitution of the electronic civilisation, grasping its innovative aspects but also its dangerous deviances and pathologies. They seem to whisper to us that we are living in a strange *memofuture* in which artists, investigating the days to come, unveil something of our appeased memory, of the perverse relationship between innovation and pathology, between the impalpable lightness and hard impacts of the world.

Those non-places have now given rise to further reflection on the *fluid spaces* of the contemporary (a sort of updated synonym of the former) which concerns the evolved interstices of non-places, the lateral or pass-through diaphragms, the unclassifiable details which, becoming normality, are obscured by collective distraction. We see such spaces solely through the work of visual artists, the only ones who provide the images necessary for completion of logical philosophical abstractions. Fluid spaces are seen to be the basin of proliferation for *non-place prostheses,* which is to say accessory productions and structures that support the fast-moving travel and relationships of mobile humanity. We're thinking, for example, about the Dutch architect Rem Koolhaas who tackles the details of the world with a creative taxonomist's proliferation. For some time now he has made reference to *junkspace,* the chaotic space of airports, hotel reception halls, congress auditoriums, department stores. In the June 2003 number of Wired he defined 30 spaces that characterise the present day: from Public Space to Sex Space, from the model Home Space to Dump Space and so on. Aspects of a conceptual architecture that is sometimes implemented through commissions from enlightened clients (without Prada his theory of the multifunctional store would have remained pure thought). Evolved non-places which, comprising multiple prostheses, delineate our technological organisation chart, the role and identity we take on during daily movement from place to place. A vision that defines the environmental coordinates of fluid spaces.

The term non-places (for those who don't yet know) refers to airports, bus stops, tube stations, railway stations, motorway toll stations and refreshment areas… where people wait, change, check tickets, pay, meet, relax… where artificial forms shape our rhythm in measures of passages and logistical interspaces between one stop and the next. These places are part of the need to change physical location, they join distant points in increasingly shorter times and with increasingly functional structures. This means improving the quality of travelling but also being spoilt by the flavour of optimal conditions. We choose the journey that suits our needs. And then we choose the *complement* (non-place prosthesis) to highlight the journey: music, which has now got as far as the Mp3 culture; portable computers with wireless or bluetooth connections; mobile phones and palmtops with multiple functions; watches with parallel functions,

cordless earphones, miniature cameras and camcorders. But also clothing that is more functional, a series of objects that augment corporeal content, body care products, advanced packaging and foodstuffs… Accessories, fetishes, wearable and digestible, are the prostheses that amplify the subjective condition of a fluid passage. The people who use the spaces characterise them in a different way, the artificial objects dialogue with the places and means of transport. Everything connects up towards the utopia of a unitary matrix, that Great Mother who might govern our life with a single piece of hardware. (Contrarily, in the name of humanistic resistance, let's hope that this doesn't happen).

From fluid spaces, a direct consequence of non-spaces, the *limbo of non-places* emerged: this refers to a number of metropolitan zones, spaces of fast connection, a certain model of new suburbs, sports and leisure centres, the coordinated image of shops and chains, muzak, logos seen worldwide, signs, Ikea-ized design, sex in hardcore joints, sex shops with their trail of fetishist high heels and underwear, ambulance and police sirens, cellular phones, TVs and monitors, internationally distributed software, transsexuals, WCs and washbasins, showers and bathtubs, condoms, PCs, medicines and a few epidemic diseases, Japanese motorbikes, standardised graphics, drugs, buzzwords, hard liquor and cocktails, parking-meters, pre-packed emotions, life under the microscope… The real world stokes the temperature of this limbo, creating indefinable interstices where not only progress but also the most insidious standardisation grows. The territories of limbo help capitalist societies, they assimilate distances, reduce the dialectical terrain and exhaust strong personalities. Limbo is necessary but it should be handled with supreme reason. Only the tiniest gap separates excess reality from a plausible vitalism of the unreal: limbo breathes in this zone, connecting the two dimensions on the microscopic threshold between all and nothing.

Andrea Garuti speaks of these cities through long or very long shots, giving us a kinetic and horizontal version of great inhabited centres. He actually concentrates on buildings and streets, strategic points and skylines, walls and skyscrapers, old façades and new materials, avoiding the human masses who live and work in those places. Everything is dynamic, as the limbo of non-places requires. The collagist vision with superimposed montage highlights the dialoguing volumes, underlines the quality of the materials and technological inserts. The artist focuses on the mature dimension of limbo, always on the borderline between city and non-place, within a single fluid space that assimilates the physical battle between memory and future.

The city as living body in *random movement…*

TESSERE MODERNE
Andrea Salvatici

La prima volta che ho visto le foto di Andrea Garuti è avvenuto in un laboratorio specializzato di Milano. Le sue immagini urbane scivolarono su un grande tavolo bianco e quelle stampe a colori per tutto il giorno rimasero dentro di me in modo disordinato e confuso. Mi sentivo una persona disturbata da qualcosa di inspiegabile: un osservatore incapace di afferrare qualcosa che mi seduceva e svaniva nel momento in cui tentavo una lettura, come brividi di freddo affioravano e scomparivano sulla mia pelle.

In verità quelle foto mi chiedevano semplicemente di aspettare e di accogliere le emozioni che mi avevano suscitato.

Spesso utilizziamo subito le nostre categorie mentali per interpretare un'immagine e trascuriamo il flusso di emozioni che essa può muovere perché siamo incapaci di accogliere l'inaspettato, la contingenza pura, l'attimo irripetibile, l'indicibile che non si afferra, che solo la fotografia può cogliere e fermare con uno scatto.

Quindi stavo facendo i conti con un approccio emotivo nuovo che non voleva essere trattenuto e rassicurato dal mio ragionamento ma chiedeva semplicemente di essere vissuto.

Poi arrivò il giorno della mostra e vidi le sue foto esposte in modo ordinato sui due piani della galleria. E già lì il mio punto di vista, il modo di vederle cambiò: ebbi la possibilità di avvicinarmi e di allontanarmi da quelle immagini urbane. Fu un pomeriggio importante perché capii che quelle foto richiedevano di essere viste più volte e in momenti diversi senza bisogno delle parole. Quel giorno saccheggiai quelle metropoli colorate con il silenzio del principiante perché capii che qualsiasi sistema interpretativo (sociologia, semiologia, psicanalisi) sarebbe stato riduttivo e limitato. Quel giorno presi il catalogo della mostra e ritornai a casa.

Durante l'estate non ho fatto altro che guardare e riguardare in momenti diversi della giornata quelle foto, senza mai perdere l'entusiasmo di abitarle con il mio immaginario e con le mie fantasie.

Poi, una sera, mentre stavo guardando quella scattata davanti al Mausoleo di Lenin pensai ai mosaici di San Vitale a Ravenna in particolare a Teodora moglie di Giustiniano.

Quella donna antica aveva per me una relazione con l'altra donna che si trovava nella foto scattata nella Piazza Rossa. Ma che cosa univa quelle due donne così lontane e così vicine?

Il concetto di tessera come elemento compositivo.

Nella prima, la tessera compone l'immagine di se stessa e l'immagine intera del mosaico, nella seconda, la tessera fotografica di Andrea Garuti è la donna stessa che compone e scompone l'immagine intera della piazza. E' la tessera moderna che compone come elemento a se stante ma costruisce come elemento d'insieme. Qui la frammentazione diventa composizione stessa dell'immagine.

Lentamente cominciai ad avvicinarmi a quelle città perché non erano segnate su nessuna cartina geografica. Ma subito mi persi negli angoli spigolosi del cubismo e decisi di passare per un'altra strada. Il cubismo non possiede l'empatia che prova Garuti quando scatta, quando coglie l'attimo.

Mi ritrovai in una strada privata, senza macchine e piena di grida di bambini. Le pallonate volavano contro i denti rotti delle finestre. E una donna del vicinato urlava le migliori imprecazioni verso quei monelli.

Mi resi conto che stavo passeggiando in una città sconosciuta dove le case stuccate di intonaco presentavano i loro mattoni senza imbarazzo.

Quei mattoni mi riportarono alle prime nature morte che iniziò a fare Andrea Garuti nello studio fotografico di suo padre. Quello spazio diventò ben presto un cantiere di idee, fu l'inizio di un processo creativo, fu l'inizio fotografico di un ragazzo appena ventenne. Ogni sera sistemava i suoi mattoni e li fotografava sullo stesso piano con lo stesso sfondo grigio.

Quei mattoni cominciarono ad essere delle vere nature morte. Il suo studio e la sua incessante ricerca durarono per molti anni con gli stessi oggetti e nello stesso spazio. Arrivando a distruggere la prospettiva stessa attraverso l'annullamento del colore dell'oggetto fotografato. Lentamente quei mattoni diventarono insieme allo sfondo, delle città nascoste dal grigio della foschia e dai fumi industriali.

Quelle nature morte di mattoni mi hanno fatto scoprire delle affinità in termini di processo creativo fra Andrea Garuti e Giorgio Morandi.

L'equivalenza fra gli oggetti, gli stessi oggetti usati per molti anni, l'uso dello spazio, il loro modo di esplorare le cose più semplici, la loro capacità di cogliere nell'oggetto più banale un segreto.

Lo studio di quelle nature morte di mattoni lo avvicinarono piano piano alla sua città immaginata e desiderata.

Andrea Garuti prese la laurea di architetto sulle *Città Invisibili* di Italo Calvino. Il pensiero narrativo dello scrittore lo tradusse in tavole colorate e molto grandi. Dove i mattoni di argilla si trasformarono in città colorate.

Sto ritornando verso il centro di quelle metropoli, di quelle città dove il tempo non è più cronologico bensì fotografico: il tempo inteso come metro della fotografia, la quale per antonomasia congela, ferma, arresta, riporta una frazione breve della vita: in quell'attimo è successo questo o quello. Nelle sue foto Andrea Garuti tenta di mischiare le carte, gli attimi sono più di uno ed il tempo, nel medesimo foglio di carta congela più attimi della vita, più "tempi",

più vita anche se la stessa è frammentata, spezzata ridotta a particolari connessi assieme. Il suo modo di usare la macchina, il suo occhio fotografico, i suoi scatti, sanno trasformare l'attimo in un caleidoscopio di infiniti momenti. Frantumare l'attimo e cogliere un mondo di emozioni, di sensazioni, di fantasie, di vissuti.
Dove il particolare (la donna russa davanti al mausoleo) ed il generale (il Cremlino, il Mausoleo, la Piazza Rossa, la gente, etc.) funzionano entrambi: come dire, c'è una di sorta di zumata possibile in queste immagini, una possibilità di privilegiare la visione d'insieme su quella del singolo particolare e viceversa.
Ci si può innamorare di una persona ferma, della sua borsetta nera, del suo gomito alzato, (magari era intenta a fotografare) all'interno del caos come ci si può perdere nei giochi degli spezzamenti creati dalle tessere che lo compongono. Le sue vedute, ossia le sue immagini, le sue inquadrature sono banali, volontariamente banali, non c'è enfasi, non c'è retorica, non c'è diffidenza nella scelta del punto di vista, bensì la volontaria scelta di avere, di cogliere, di appropriarsi di un'immagine normale che diviene speciale, nel suo divenire nel suo essere scomposta e resa affascinante dall'insieme dei tempi che si rincorrono (come quei bambini in fuga in quella via privata, inseguiti da una cagnolina col pelo bianco e nero) all'interno della foto.
Questi sono gli aspetti fondamentali che hanno permesso ad Andrea Garuti di frantumare la realtà, di frantumare il guscio del nostro modo di vedere le cose, di viverle e di scoprire che nel semplice e normale gheriglio c'è il sapore dell'attimo, c'è l'essenza dell'attimo, ovvero il desiderio di raccontare la storia di una donna russa che forse non c'è mai stata in quella piazza e mai ci sarà nella realtà di quella città.
E' semplicemente umano trovare interesse per una donna che può esistere come può non esistere nella nostra realtà prima e dopo uno scatto e cercare disperatamente di trattenerla nella nostra vita e di amarla.
E magari chissà, ci saranno più segreti, più storie e più fantasie in quella borsetta nera che nel grande e imponente Mausoleo di Lenin dove la realtà e l'eternità indossano i panni incartapecoriti di un uomo.
Forse, quell'uomo avrebbe donato volentieri i suoi tratti, come tutti, ad un granello di sabbia.

TESSERE MODERNE
Andrea Salvatici

The first time I saw Andrea Garuti's photos was at a specialised laboratory in Milan. His urban images slid along a large white table, and all day those colour prints remained inside me in a disordered and confused way. I felt like someone disturbed by something inexplicable: an observer incapable of grasping something that seduced me and disappeared the moment I attempted an interpretation, as cold shivers came and went on my skin.
In fact those photos were simply telling me to wait and to take in the emotions they had aroused.
We often use our mental categories immediately to interpret an image, neglecting the flow of emotions it might elicit, because we are incapable of taking in the unexpected, pure contingency, the unrepeatable moment, the indescribable which cannot be grasped, which only photography can seize and immobilise with one shot.
So I was dealing with a new emotive approach that didn't want to be held back and reassured by my reasoning but asked simply to be experienced.
Then the day of the exhibition came and I saw his photos exhibited in an ordered manner on the two floors of the gallery. And right there my point of view changed, together with my way of seeing them: I could go closer to or distance myself from those urban images. It was a significant afternoon because I realised that those photos had to be seen several times and in different moments, without need of words.
That day I sacked those coloured metropolises with a beginner's silence, because I understood that any interpretative system whatever (sociology, semeiology, psychoanalysis) would have been reductive and limited. I went home that day with the exhibition catalogue.
All summer I looked at those photos again and again, at different moments of the day, without ever losing the enthusiasm of inhabiting them with my imagination and fantasies.

Then one evening, when I was looking at the photo taken in front of Lenin's tomb, I thought of the mosaics in the Basilica of San Vitale in Ravenna, in particular of Justinian's wife Theodora.
That woman of antiquity, I felt, bore some relation to the woman in the photo taken in Red Square. But what was it that united those women, so distant yet so close?
The concept of tessera as compositional element.
In the first, the tessera composes the image of itself and the whole image of the mosaic; in the second, Andrea Garuti's photographic tessera is the woman herself who composes and discomposes the whole image of the square. She is the modern tessera that composes as element in itself but constructs as an element of the whole. Here fragmentation becomes the very composition of the image. I slowly began to approach those cities, because they weren't marked on any map. But I immediately got lost in the sharp corners of cubism and decided to take another road. Cubism lacks the empathy Garuti feels when he photographs, when he seizes the moment.
I found myself in a private street, without cars and filled with the shouting of children. The ball repeatedly struck the broken teeth of the windows. And a woman of the neighbourhood hurled the finest imprecations at those little rascals.
I realised that I was walking through an unknown city where the houses, stripped of plasterwork, displayed their bricks without embarrassment. Those bricks took me back to the first still lives that Andrea Garuti started doing in his father's photographic studio. That space soon became a hothouse of ideas, the beginning of a creative process, the photographic initiation of a youth just turned twenty. Every evening he would set up his bricks and photograph them on the same plane with the same grey background.

Those bricks started to be actual still lives. His study and ceaseless research lasted many years, with the same objects and in the same space. He finally came to destroy the perspective itself by cancelling out the colour of the photographed object. Slowly those bricks became one with the background, cities hidden by the grey of mist and industrial smoke.
Those still lives of bricks led me to discover affinities, in terms of creative process, between Andrea Garuti and Giorgio Morandi.
The equivalence between the objects, the same objects used for many years, the use of space, their way of exploring the simplest things, their ability to grasp a secret in the most ordinary item.
Study of those still lives brought him gradually closer to his imagined and desired city.
Andrea Garuti took his degree in architecture on Italo Calvino's *Invisible Cities*. He translated the writer's narrative thought into very large, coloured drawings. Where the clay bricks are transformed into coloured cities.
I'm returning towards the centre of those metropolises, those cities where time is no longer chronological but photographic: time understood as a measurer of photography which, par excellence, freezes, stops, arrests, reports a brief fraction of life: in that moment one thing or another thing has happened. Andrea Garuti attempts to shuffle the cards in his photos. The moments are more than one, and time, on the same sheet of paper, is "more than one time",

more life, even if it is fragmented, broken up, reduced to interconnected details. His way of using the camera, his photographic eye, his shots, can transform the moment into a kaleidoscope of infinite moments. Shattering the moment and seizing a world of emotions, sensations, fantasies and experiences.

Where the particular (the Russian woman in front of the tomb) and the general (Kremlin, Tomb, Red Square, people etc.) both function: as if saying, there's a sort of zoom shot possible in these images, the possibility of favouring a vision of the whole over the individual detail and vice versa.
You can fall in love with a stock still person, with her black bag, with her raised elbow (perhaps absorbed in taking a photograph) in the middle of chaos, just as you can get lost in the plays of breaking up created by the constituent tesserae. His views, or rather his images, his frames, are trite, voluntarily trite. There's no emphasis, no rhetoric, no mistrust in the selection of point of view, but rather the voluntary choice of having, of seizing, of appropriating a normal image that becomes special in its becoming, in its being discomposed and rendered fascinating by the grouping of the times that pursue one another (like those kids running away in the private road, chased by a little black and white dog) within the photograph.
These are the fundamental aspects that have allowed Andrea Garuti to shatter reality, to crack the shell of our way of seeing things, to experience them and discover that in the simple and normal kernel there's the taste of the moment, the essence of the moment, which is to say the desire to tell the story of a Russian woman who maybe was never in that square and never will be in the reality of that city.
It's only human to be interested in a woman who may or may not exist in our reality before and after a camera shot, and to desperately try and keep her in our lives and love her.
And – who knows? – there may be more secrets, more stories and more fantasies in that black bag than in the great imposing tomb of Lenin where reality and eternity wear the wrinkled clothing of a man.
Maybe that man would have willingly donated his features, like everyone, to a grain of sand.

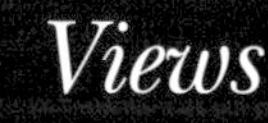
Views

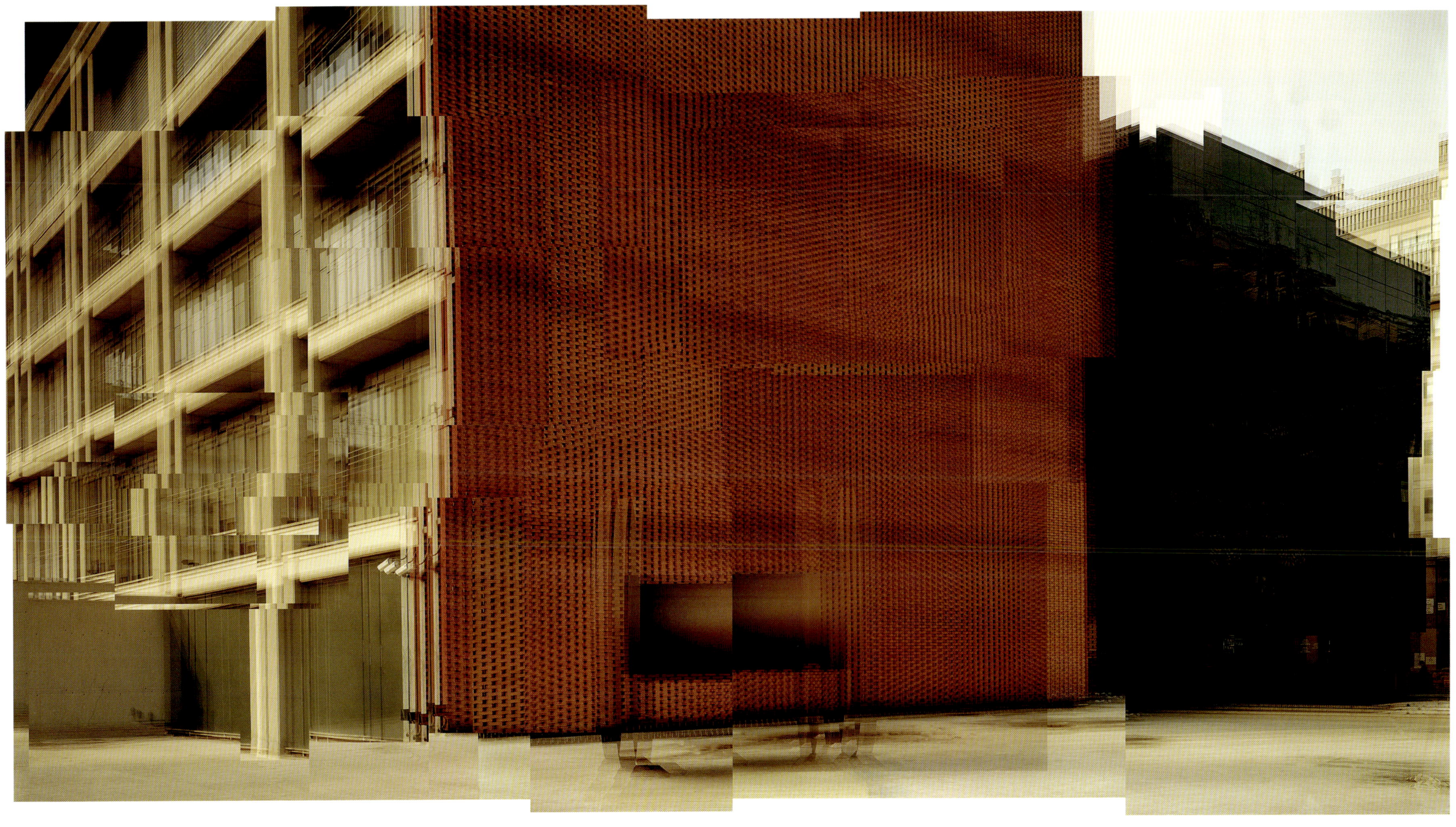

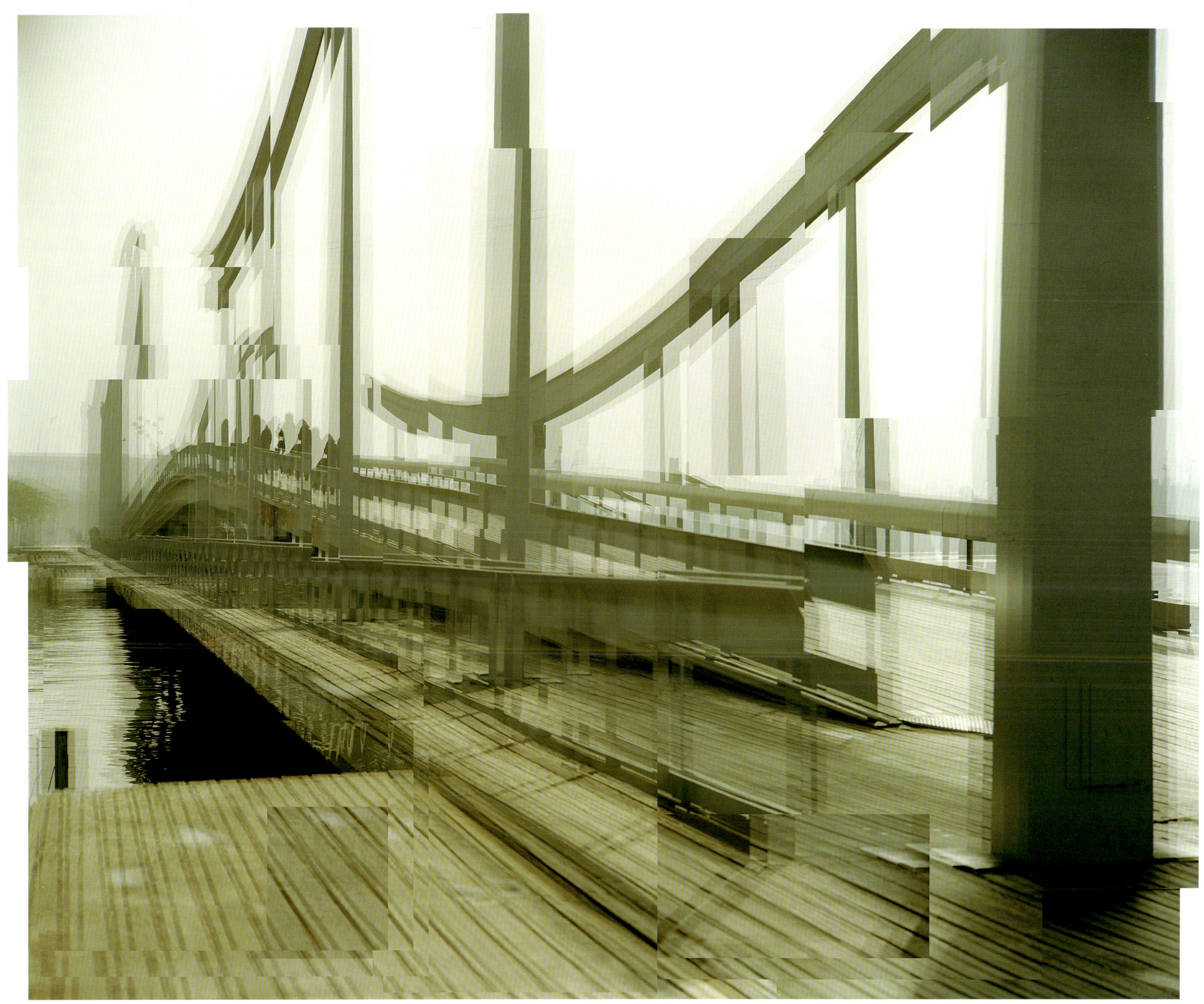

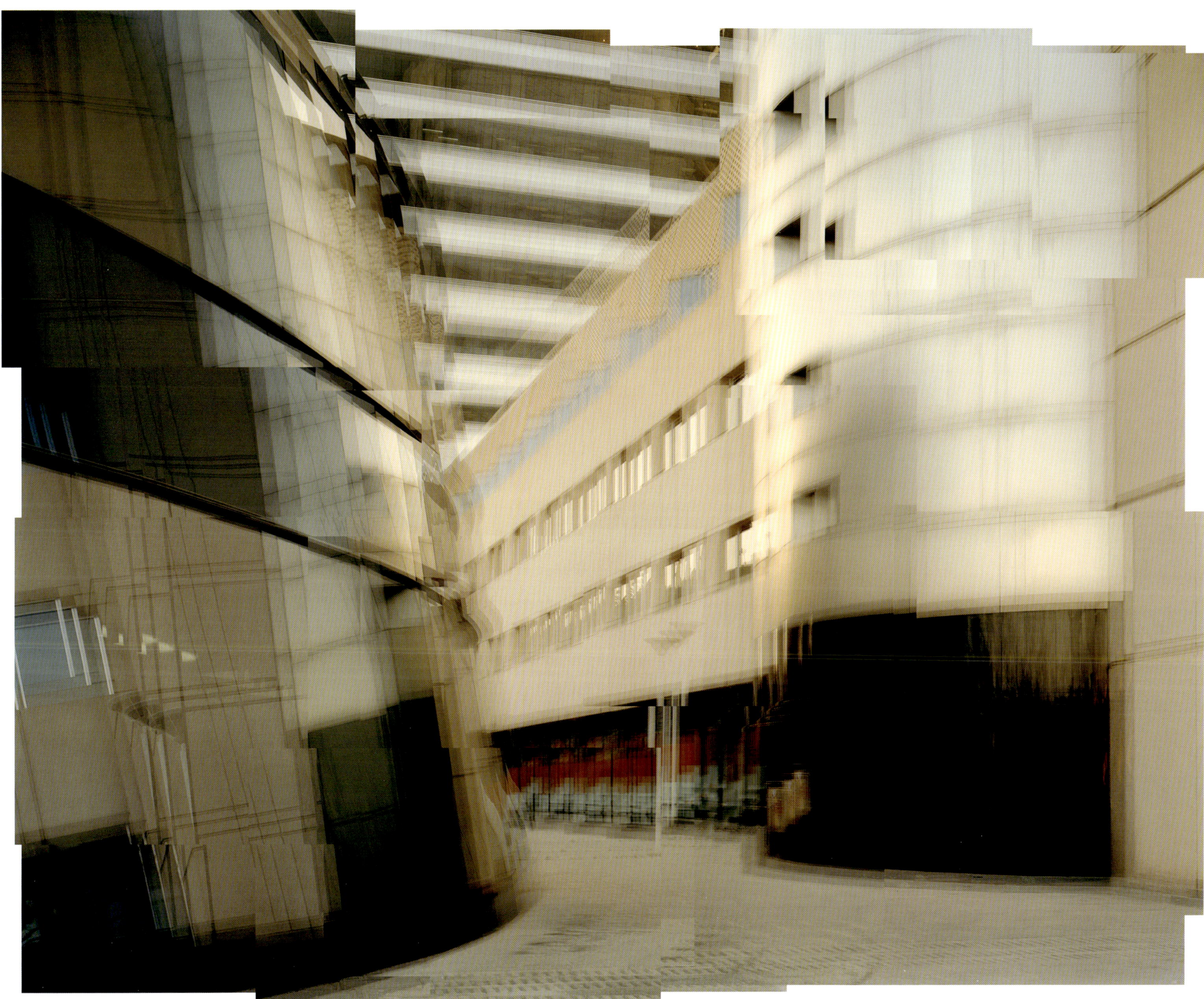

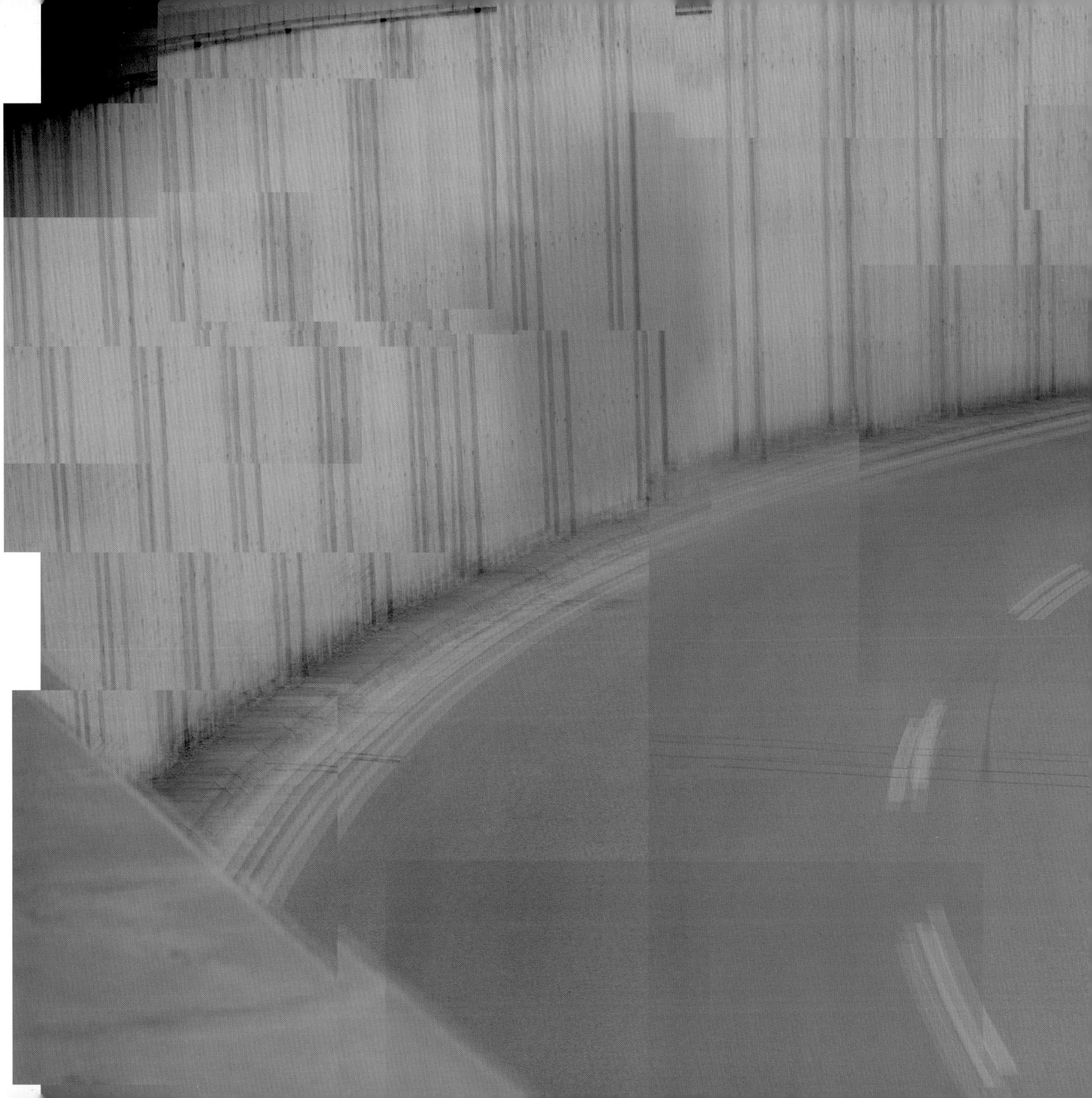

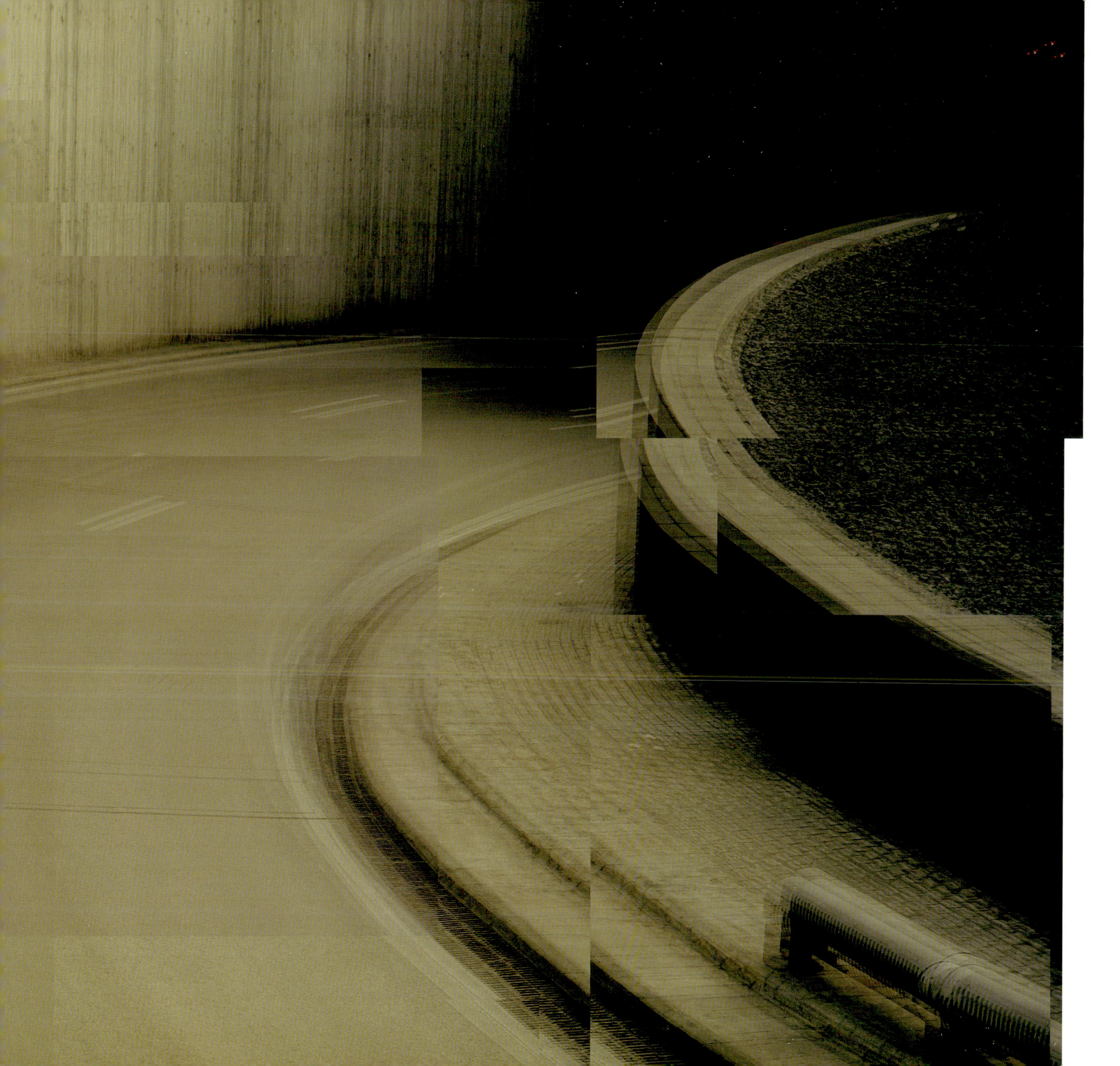

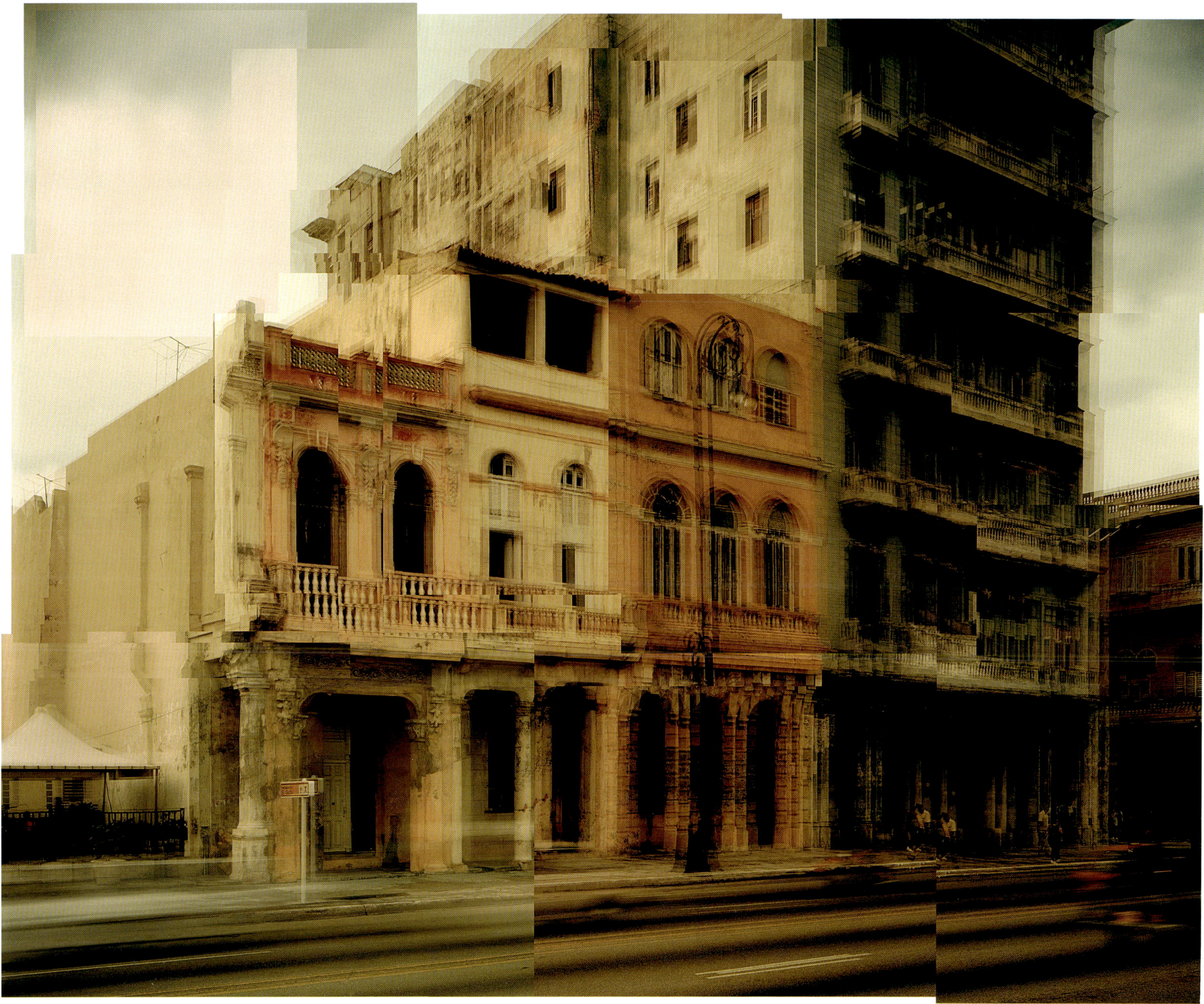

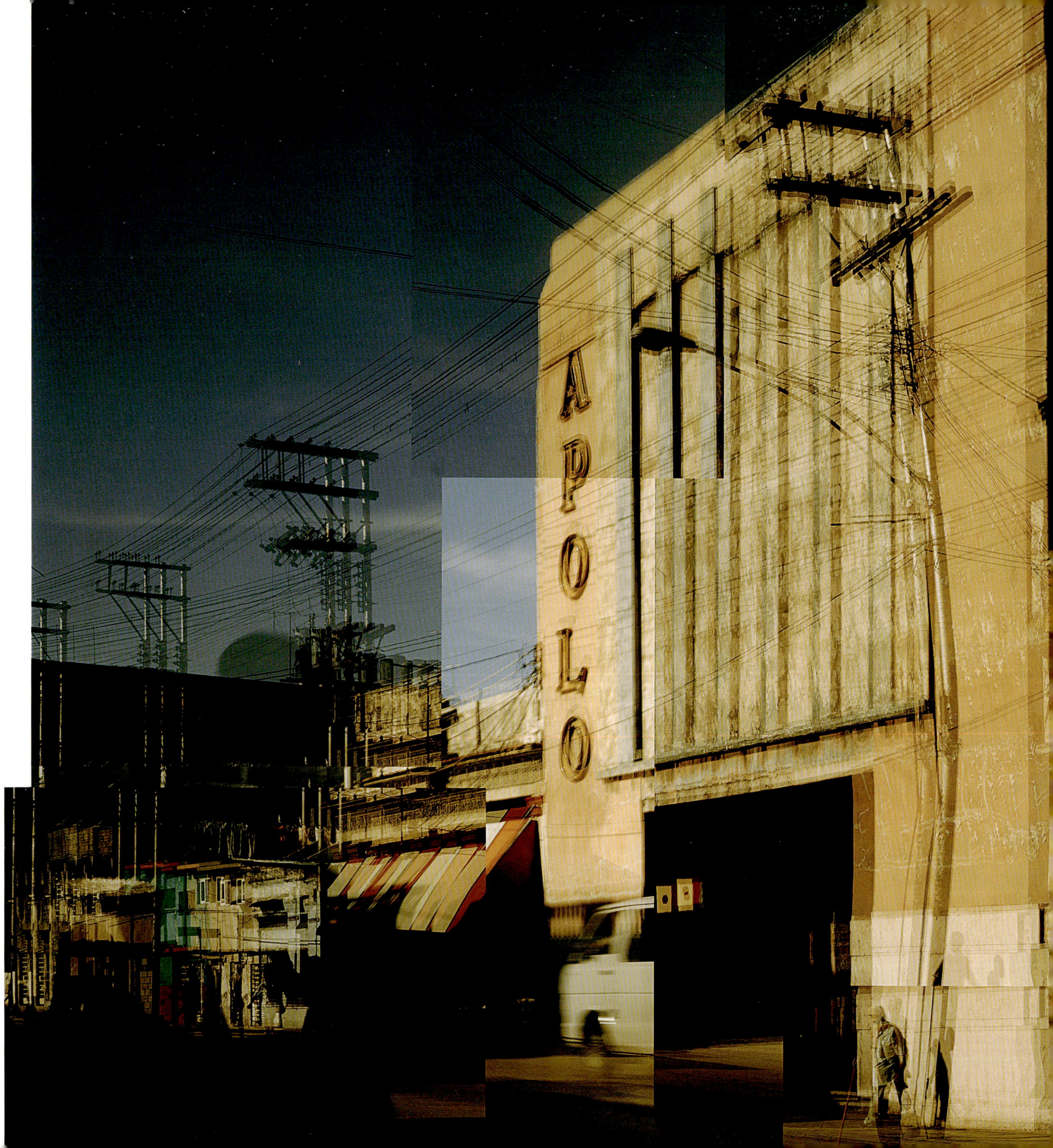

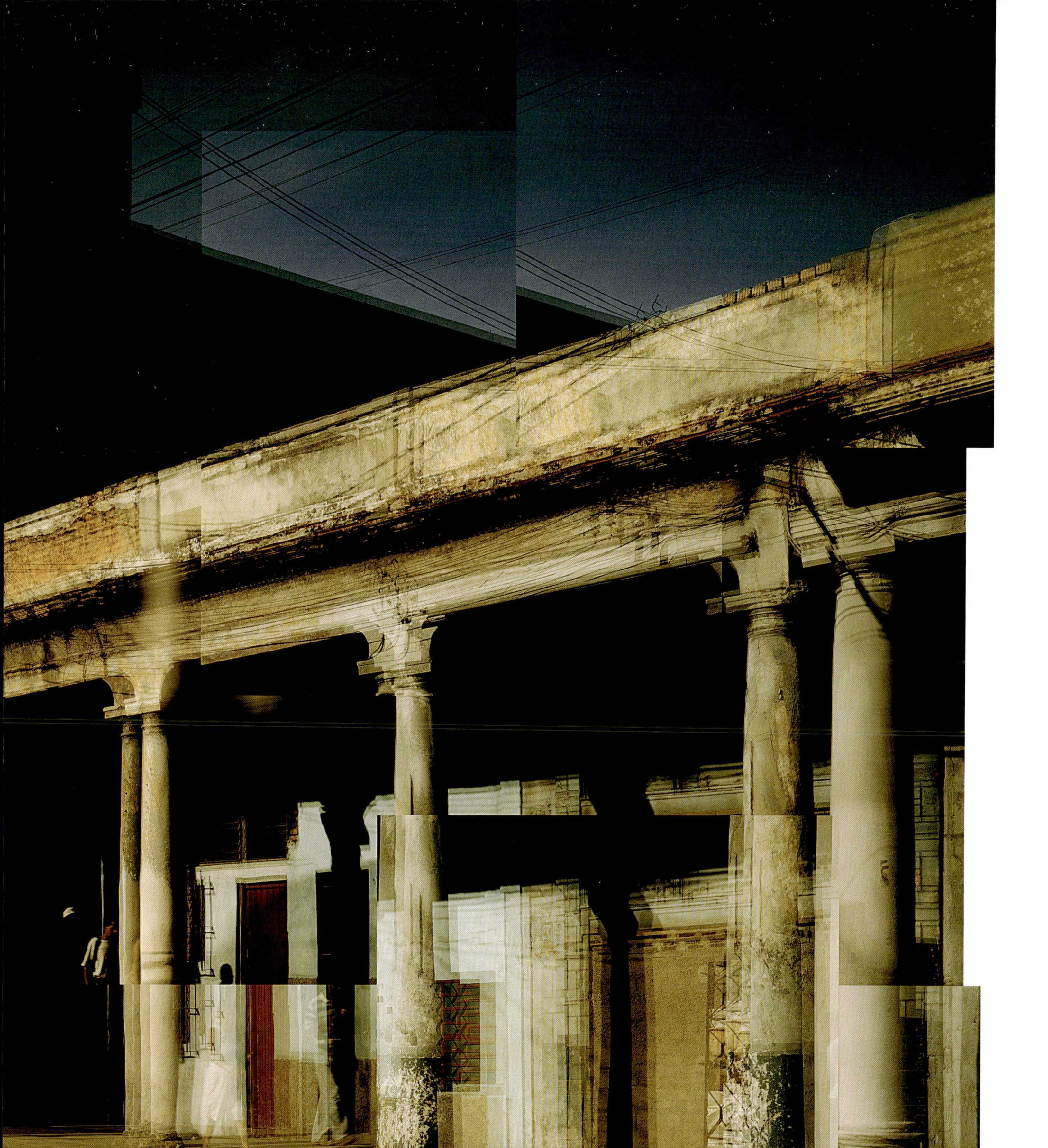

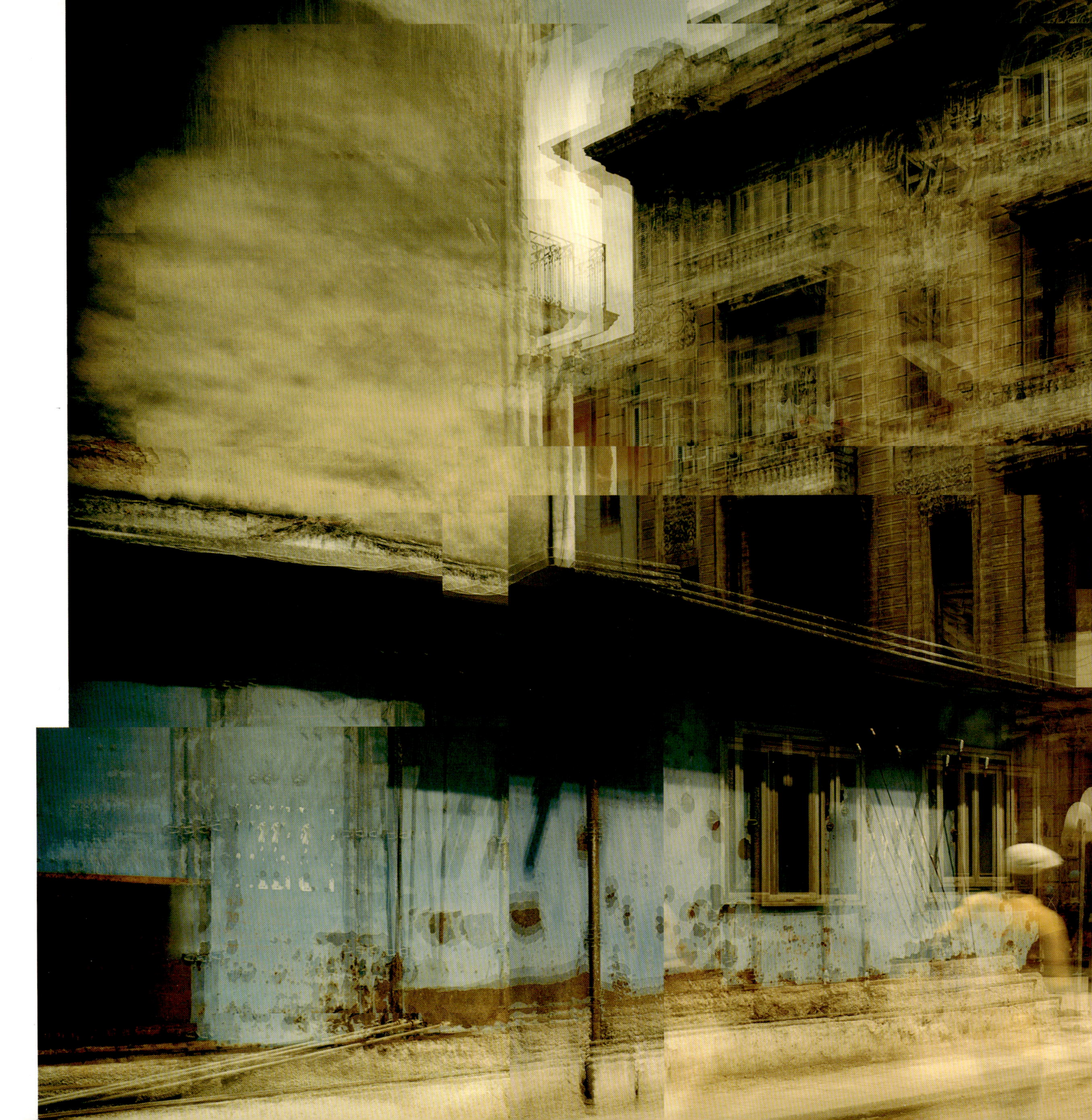

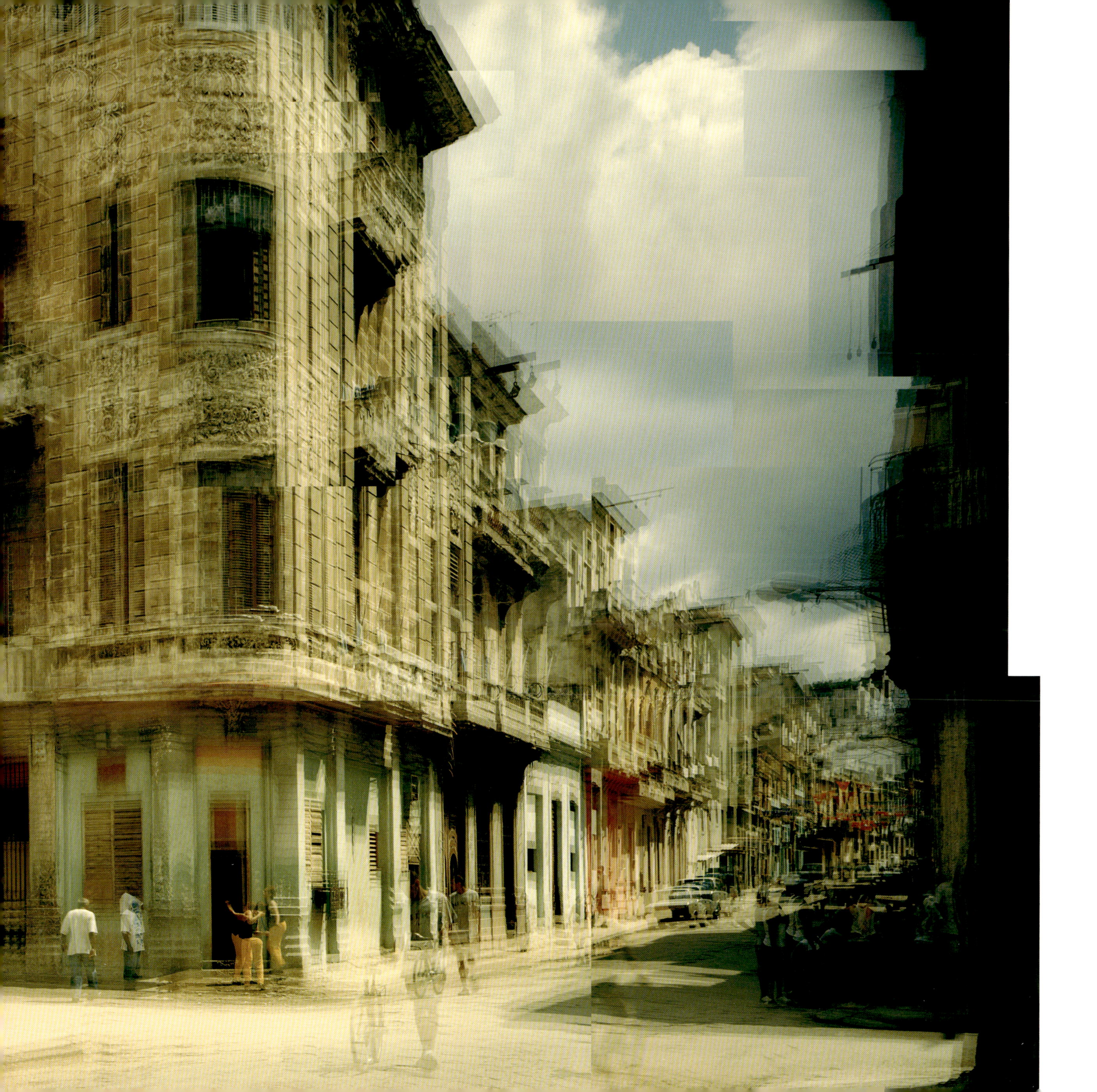

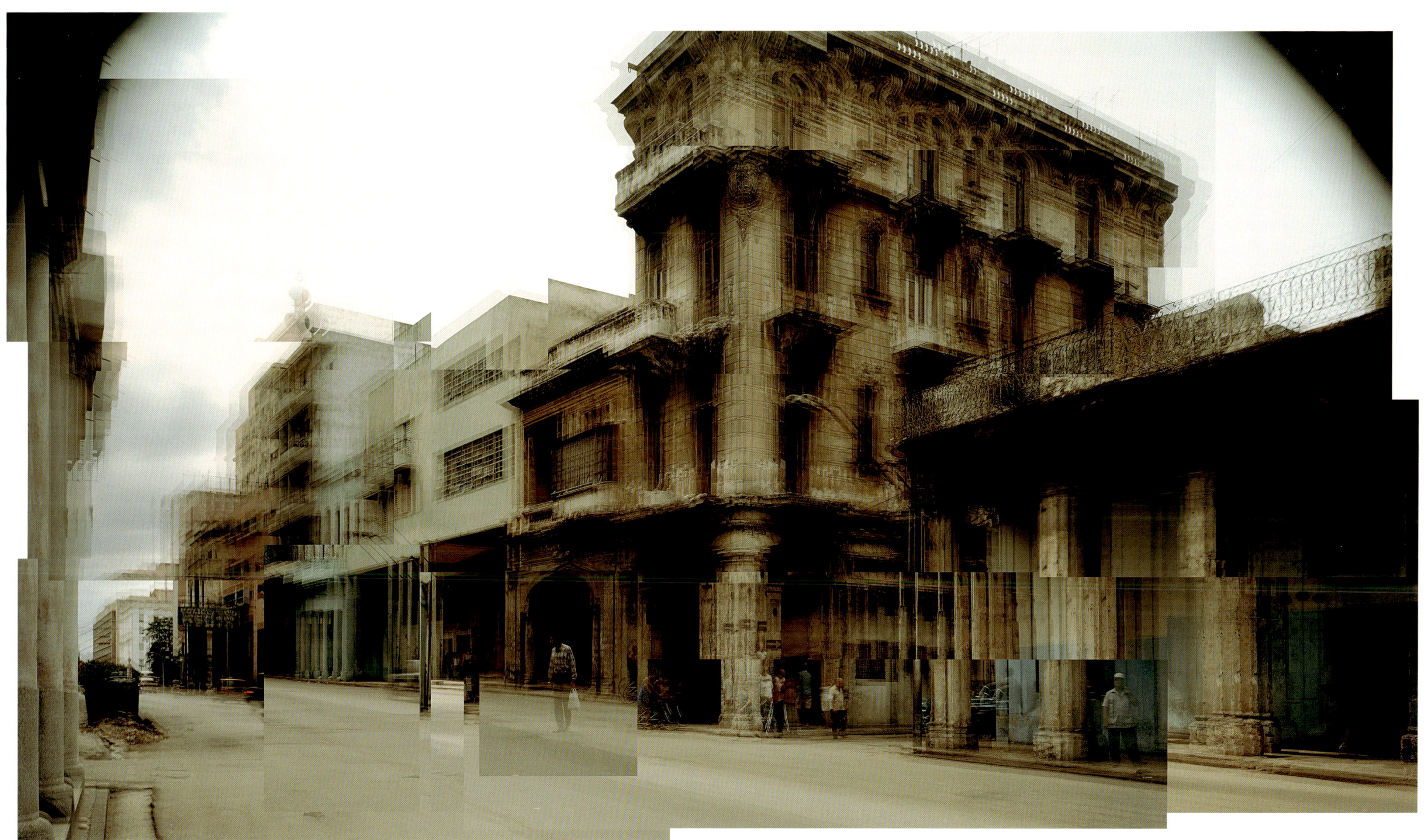

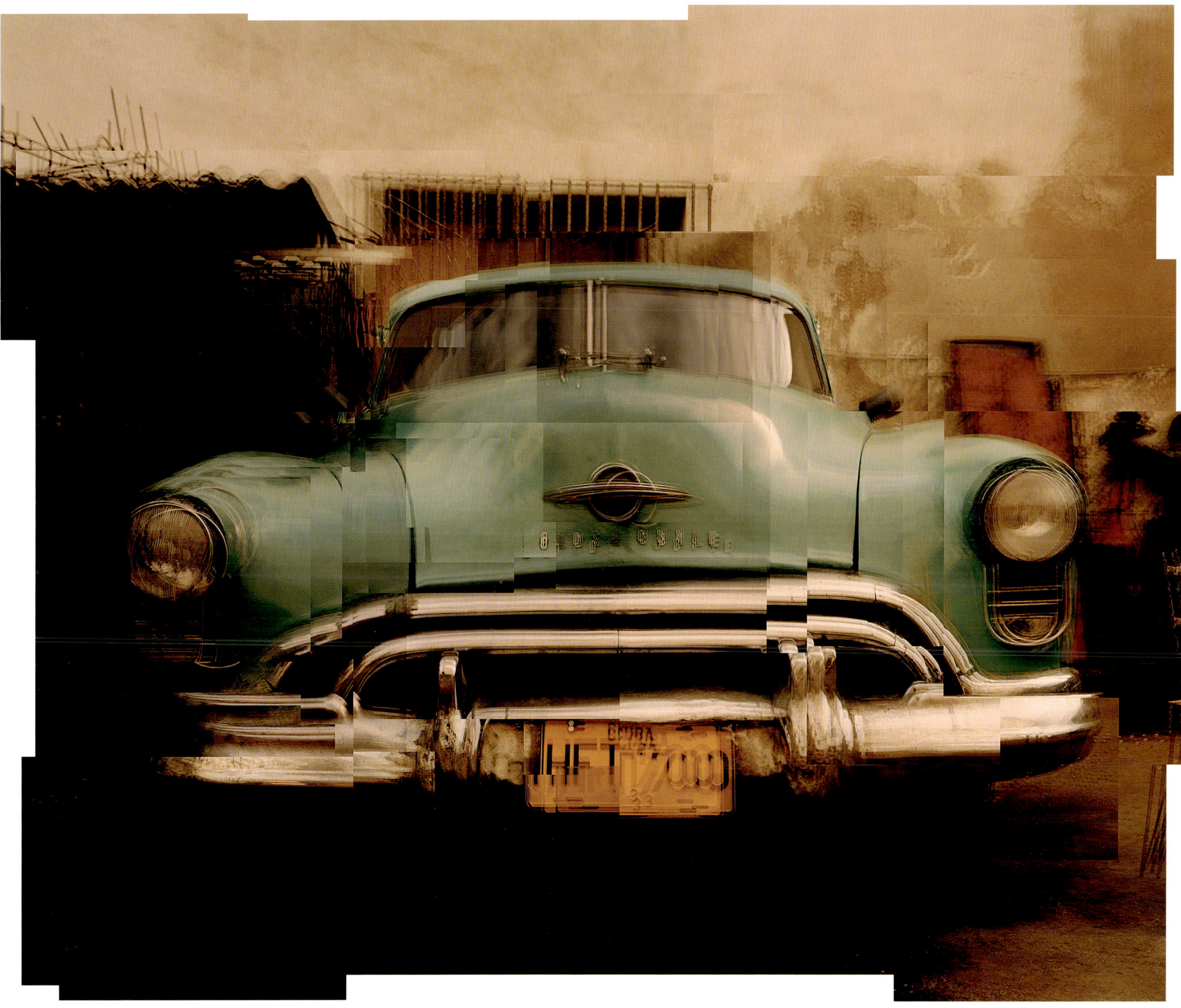
CUBA

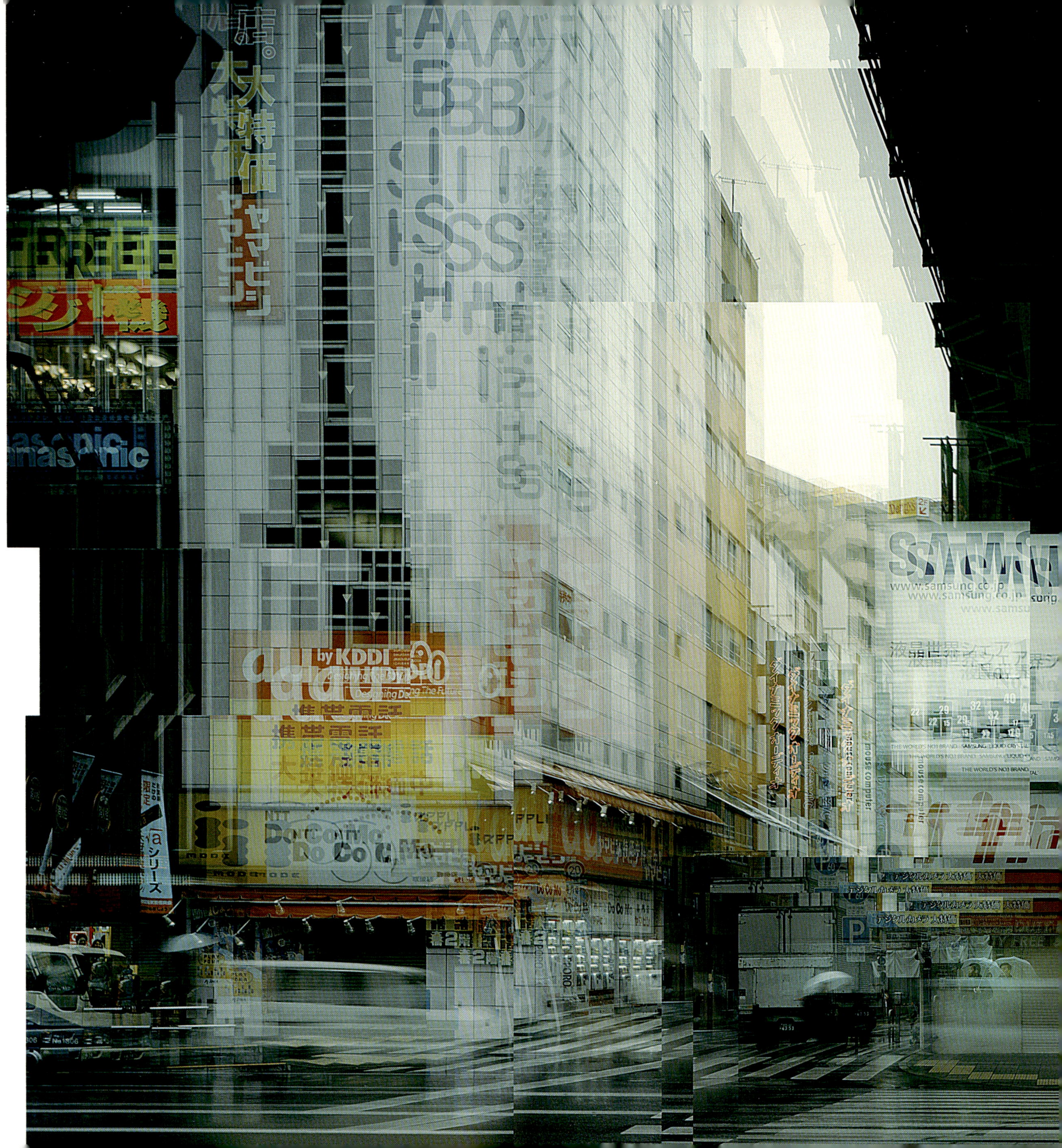

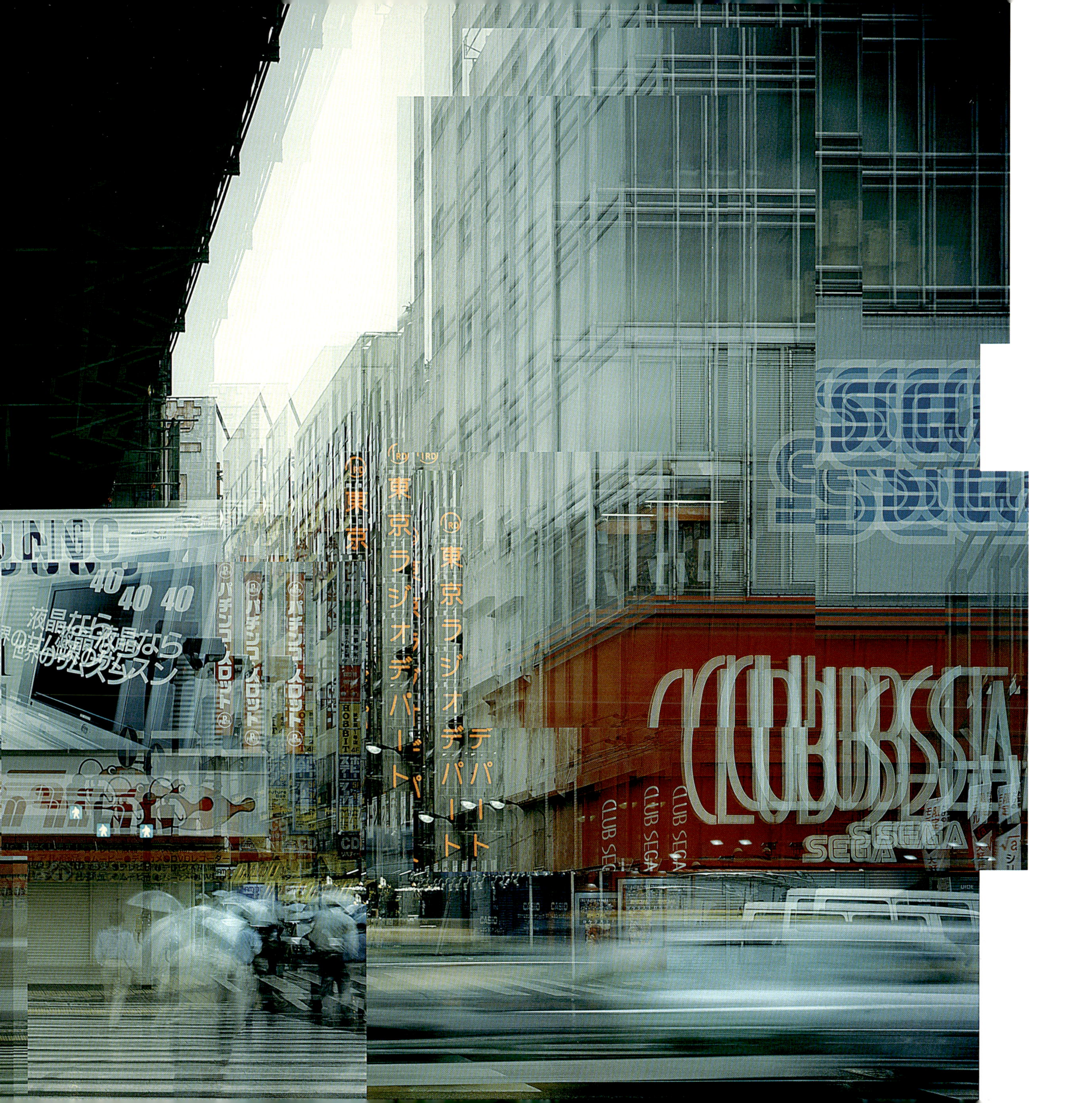
東京ラジオデパート
東京ラジオデパート
デパート
デパート
東京
RD
パチンコ スロット
パチンコ スロット
40 40 40
液晶なら
HOBBIT
CASIO
CD
CLUB SEGA
CLUB SEGA
CLUB SEGA
SEGA
SEGA

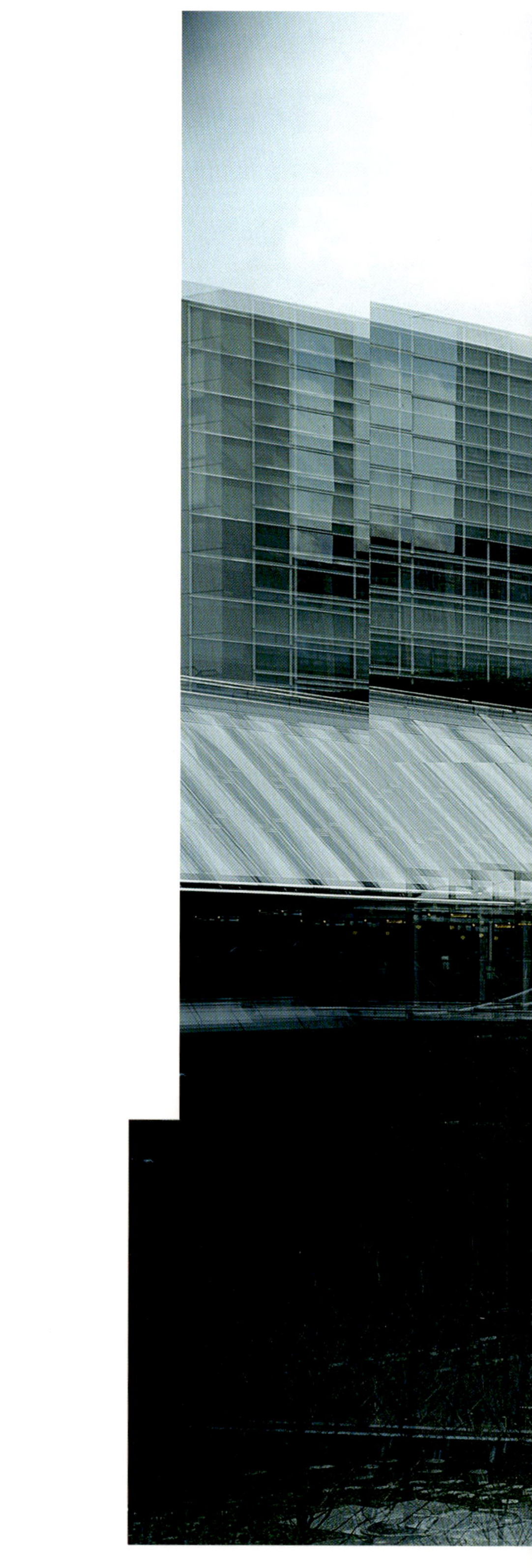

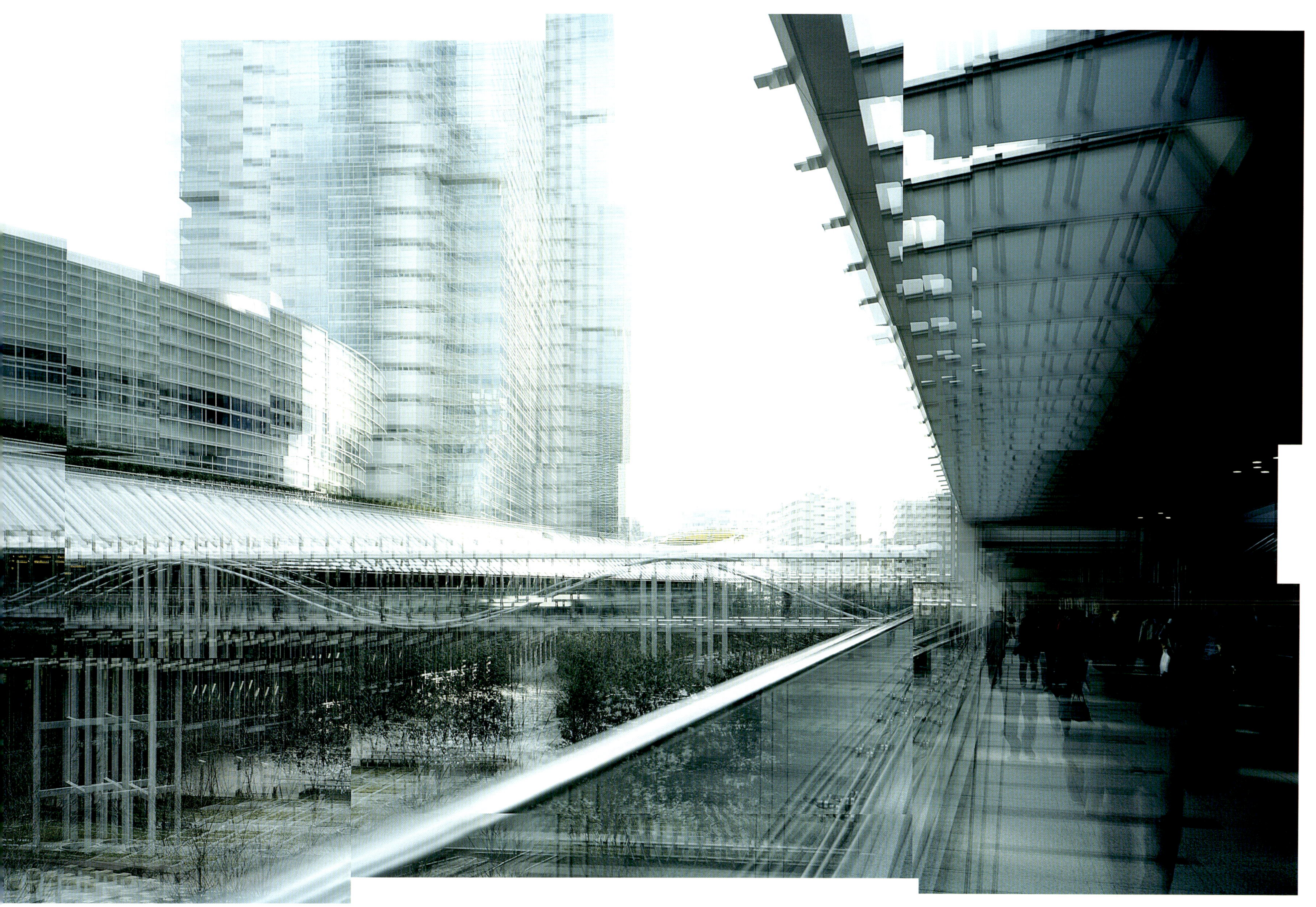

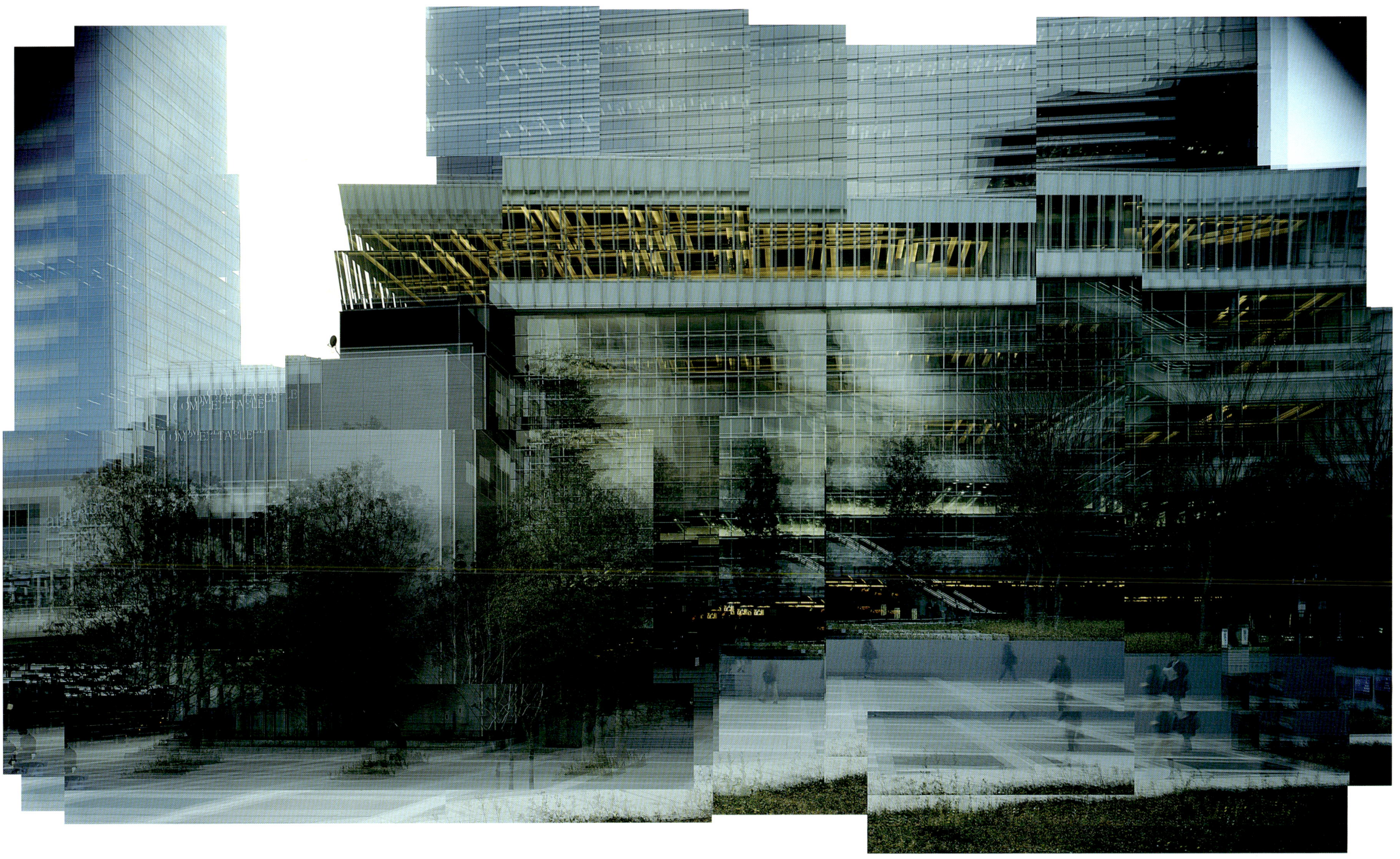

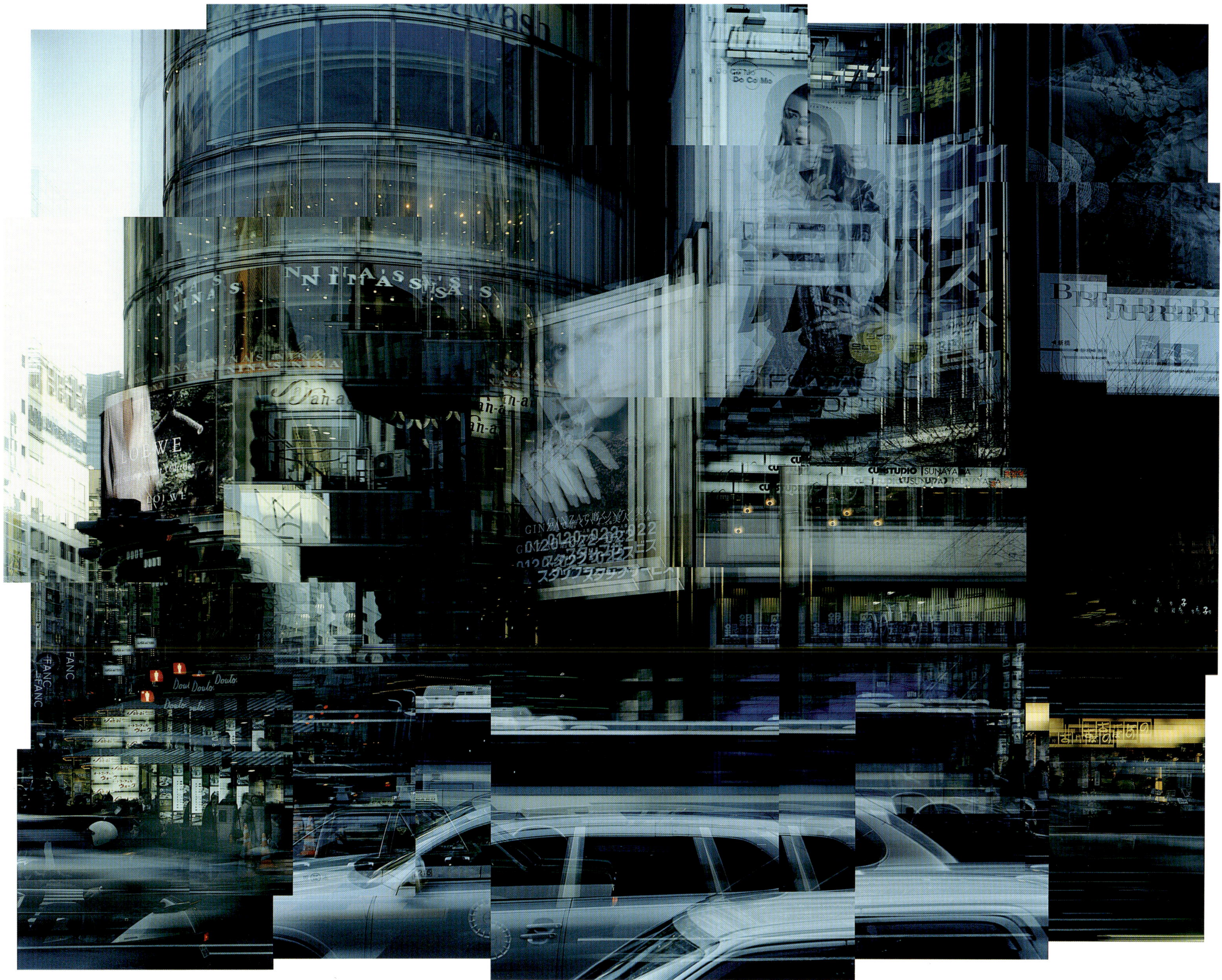

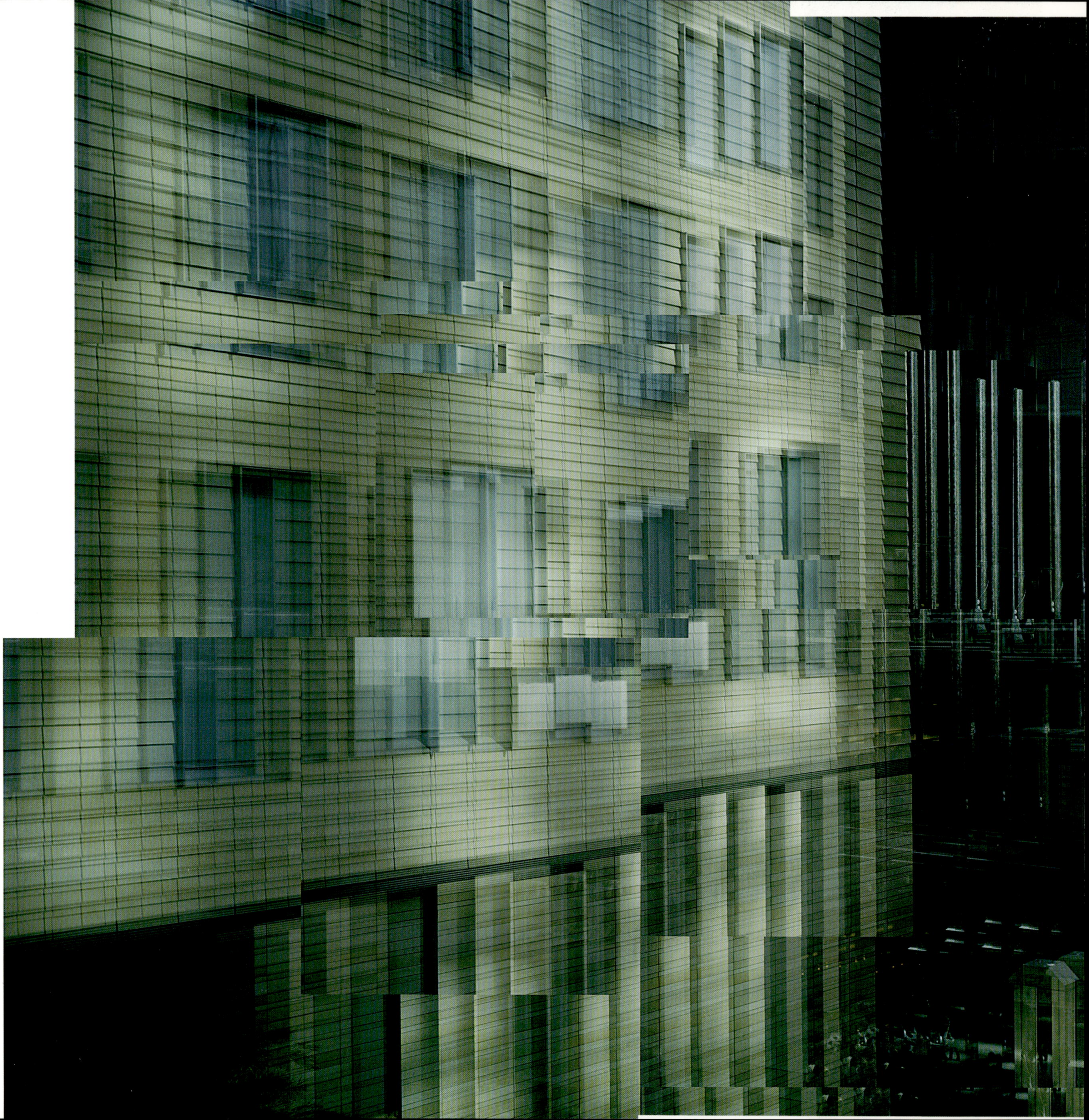

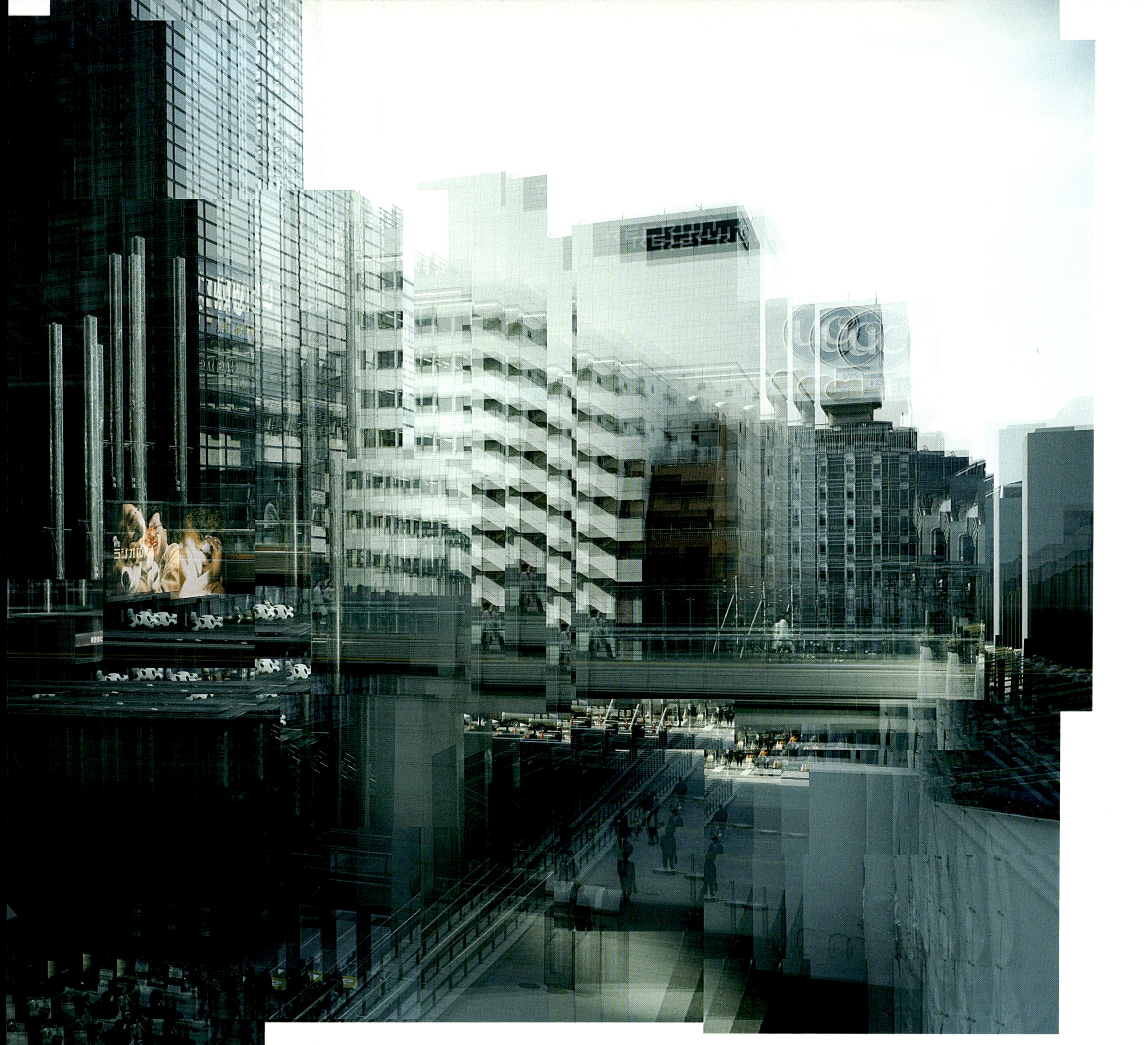

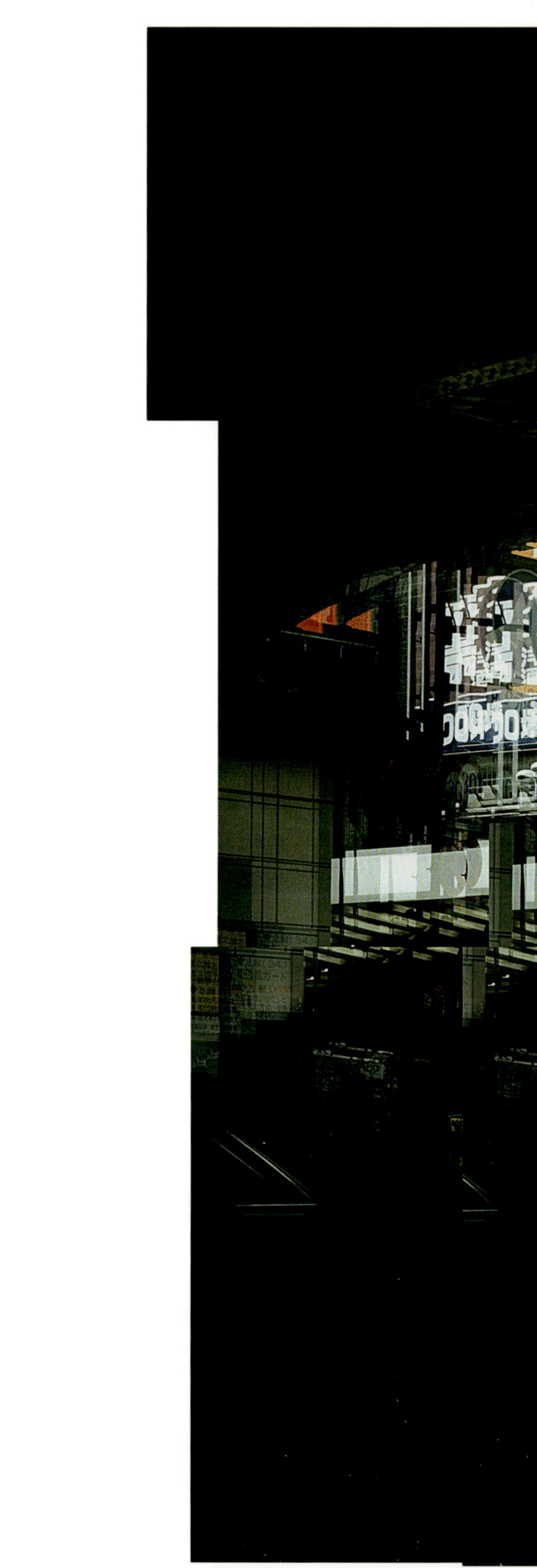

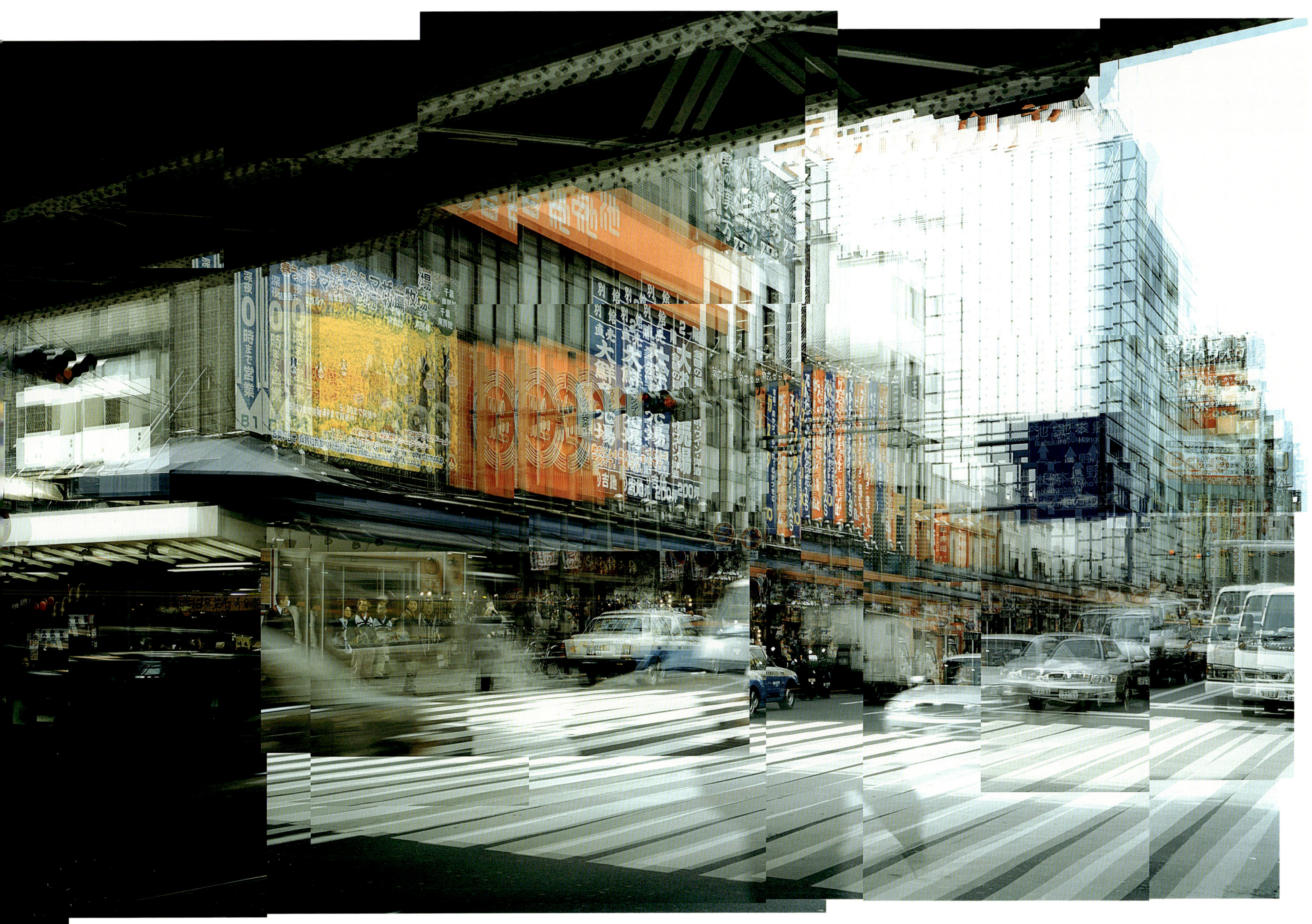

46 | Москва 2005

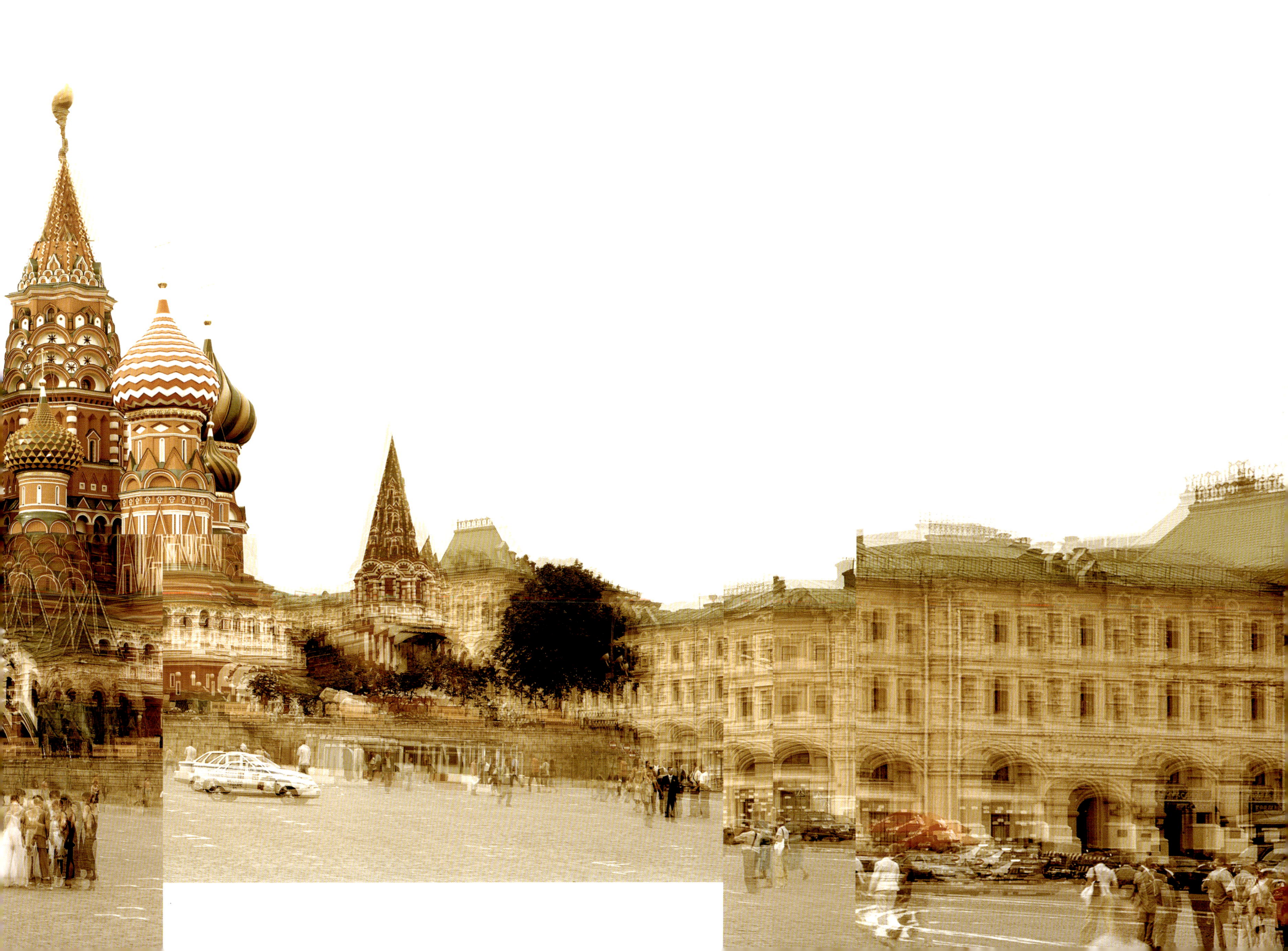

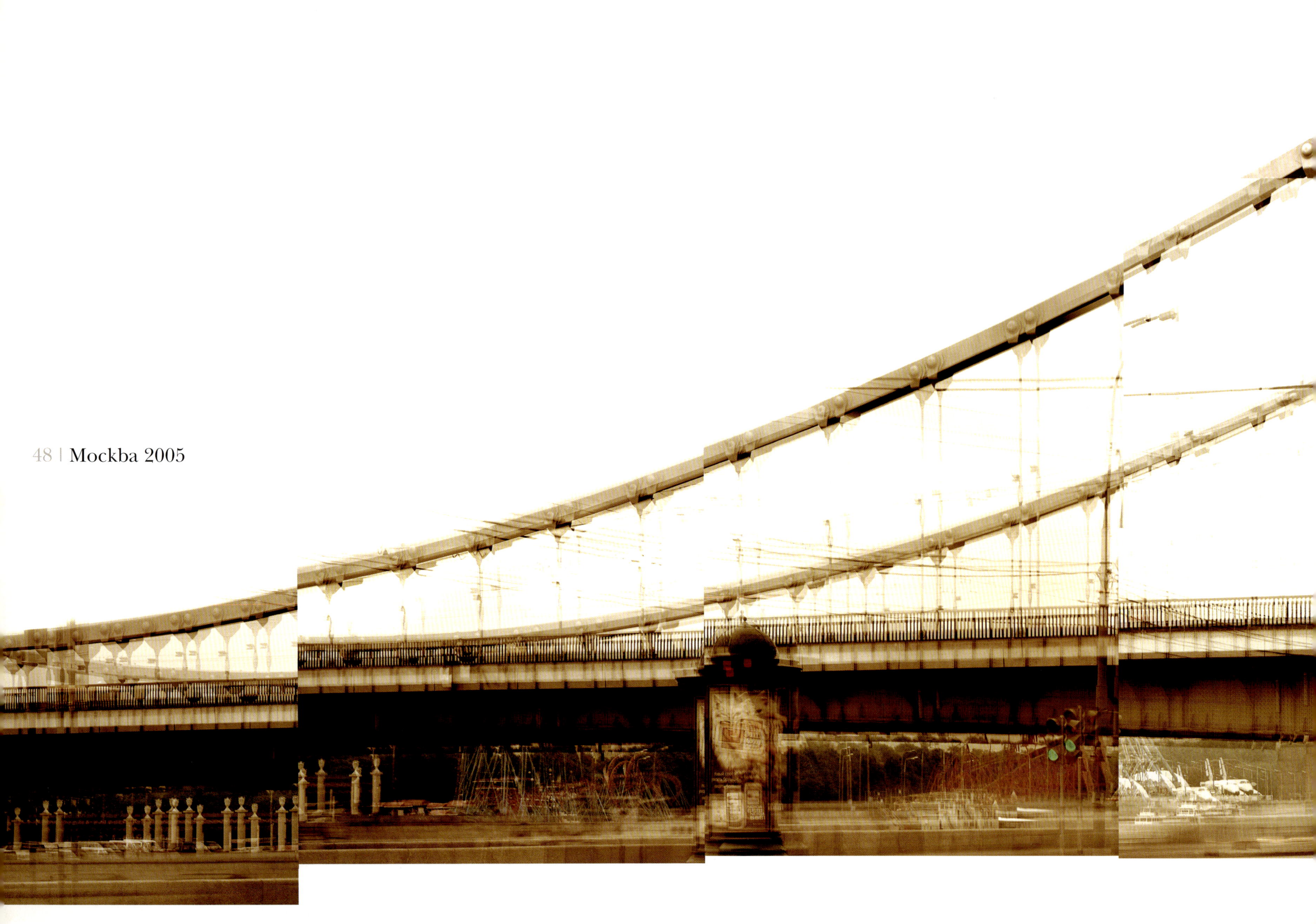

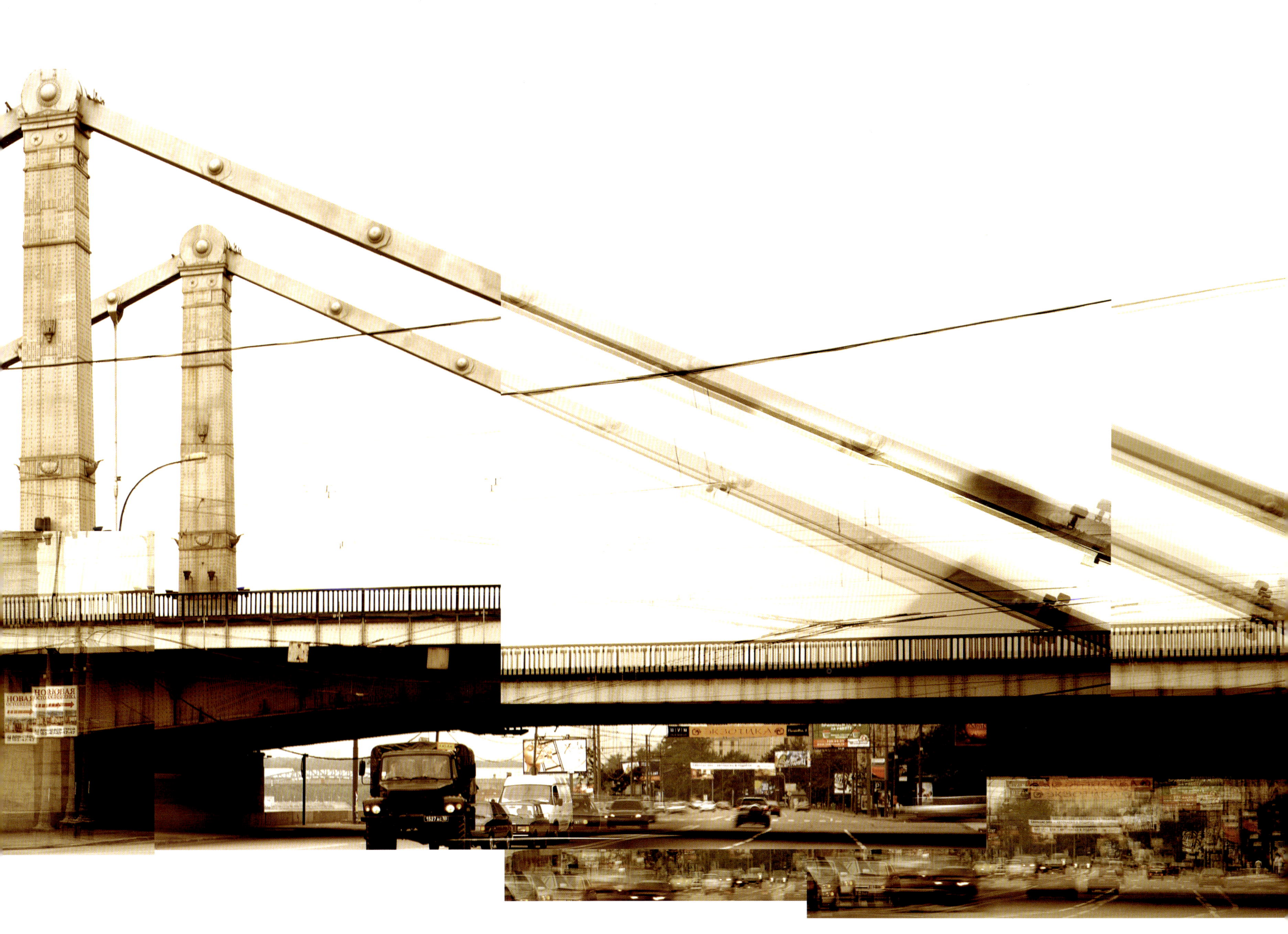

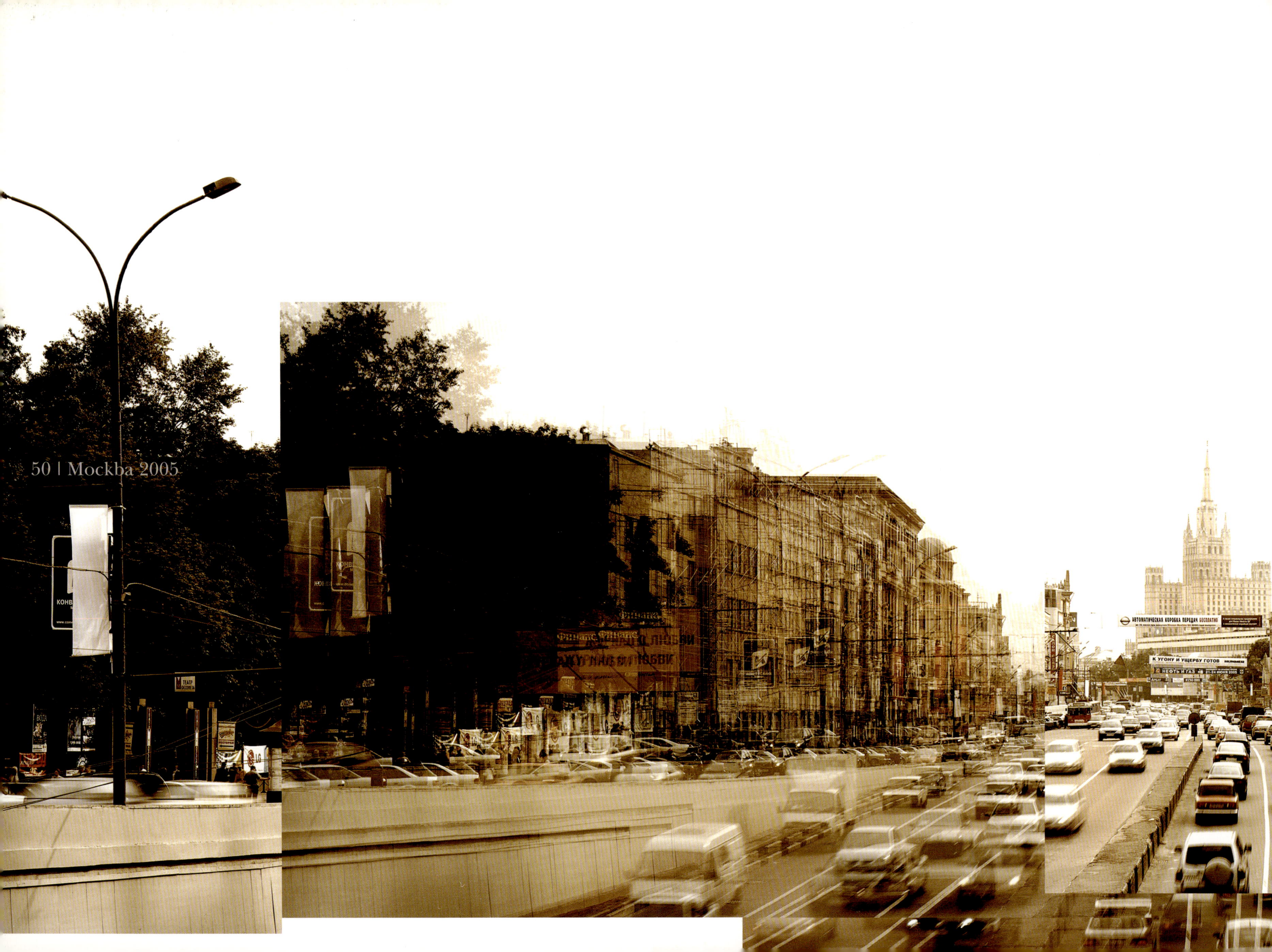
50 | Москва 2005
АВТОМАТИЧЕСКАЯ КОРОБКА ПЕРЕДАЧ БЕСПЛАТНО
К УГОНУ И УЩЕРБУ ГОТОВ
НЕФТЬ И ГАЗ   21-24 ИЮНЯ 2005

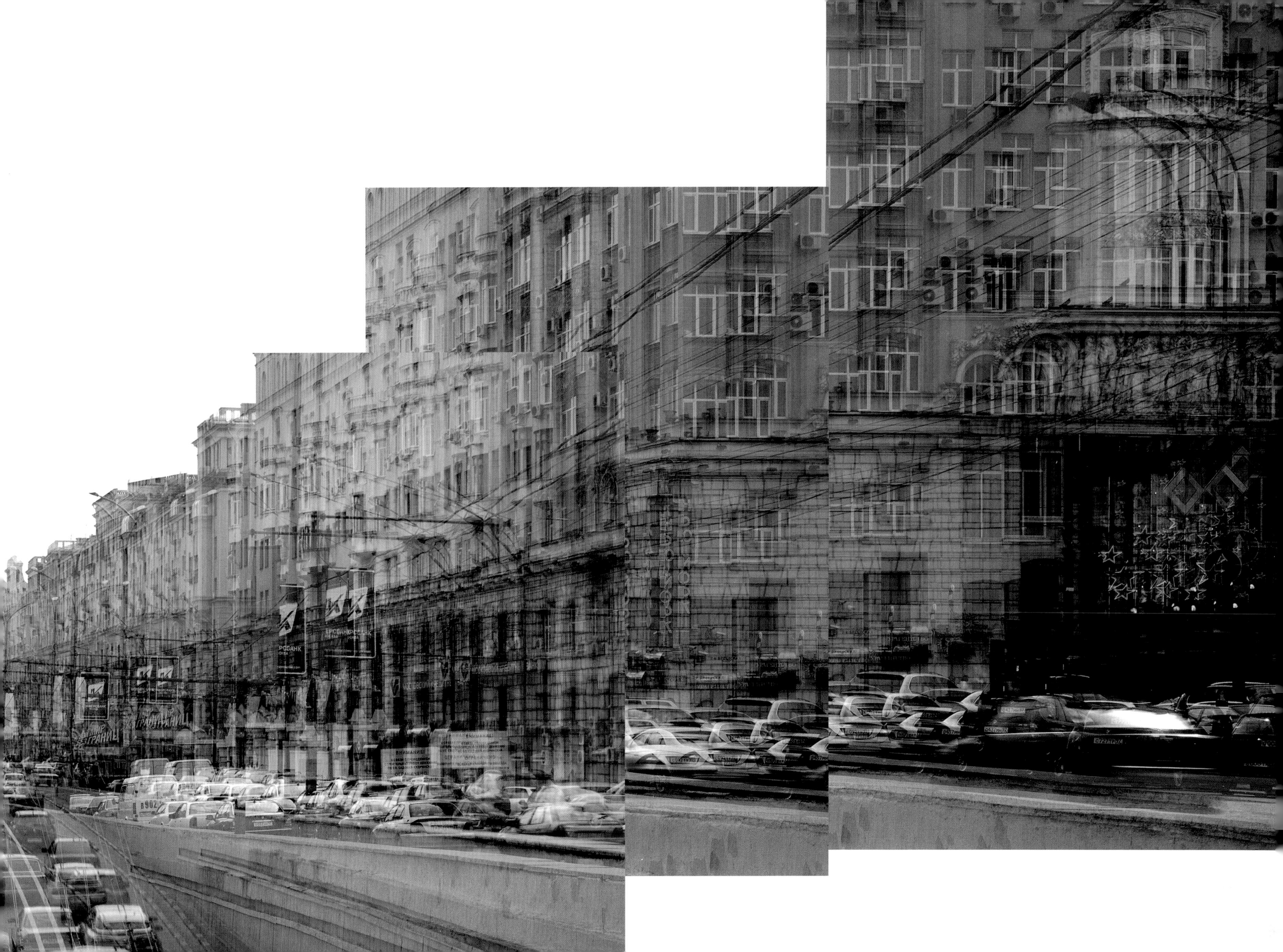

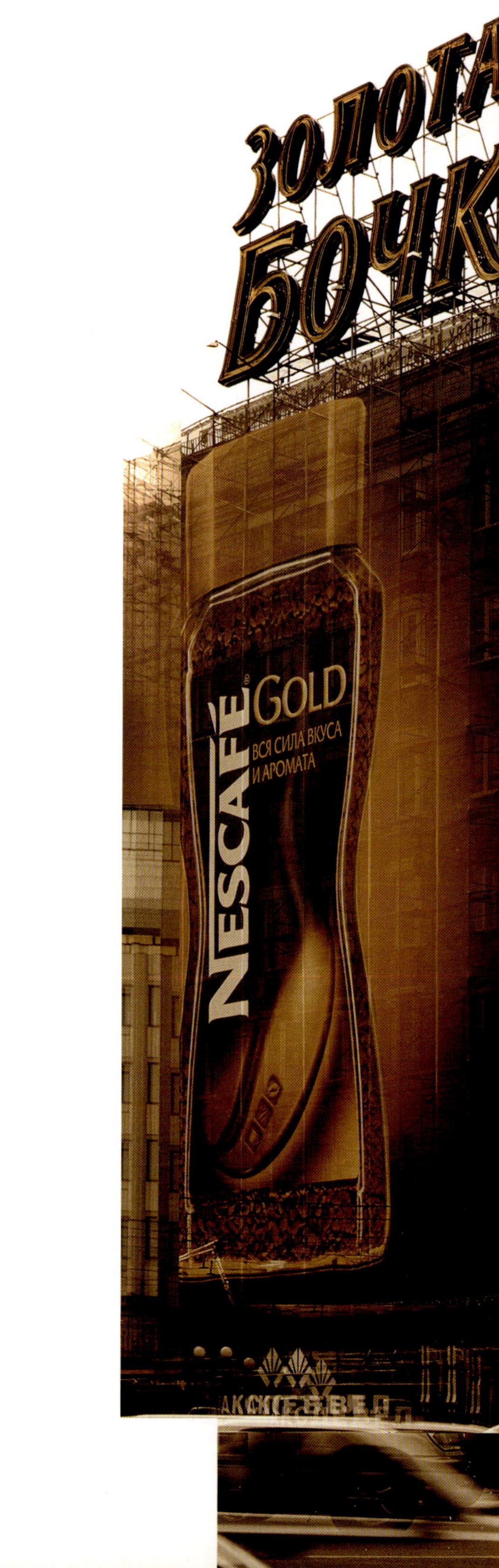
ЗОЛОТА
БОЧК
NESCAFÉ GOLD
ВСЯ СИЛА ВКУСА
И АРОМАТА

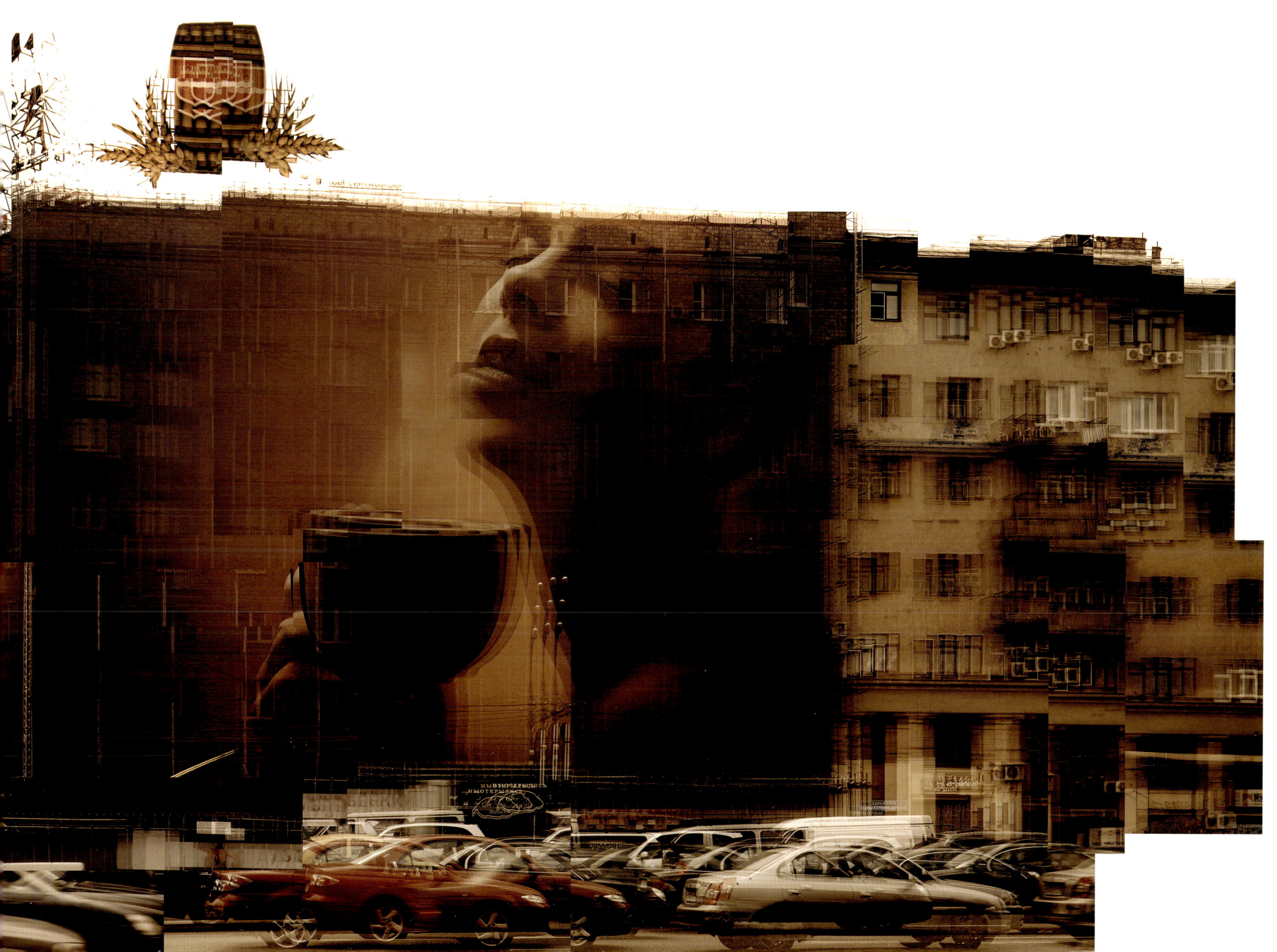

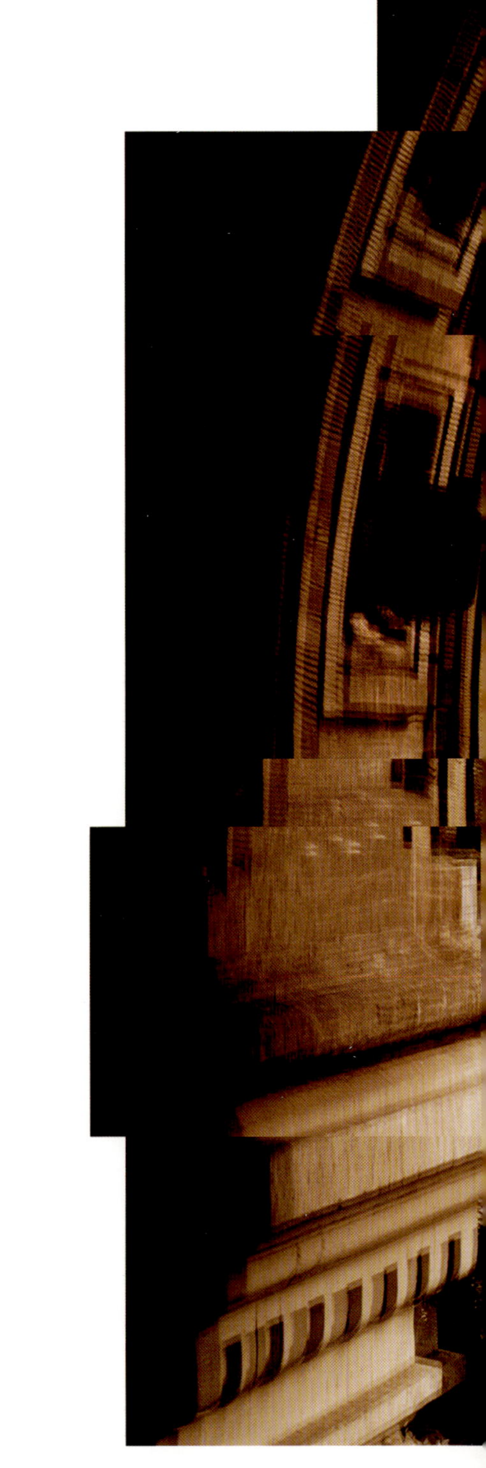

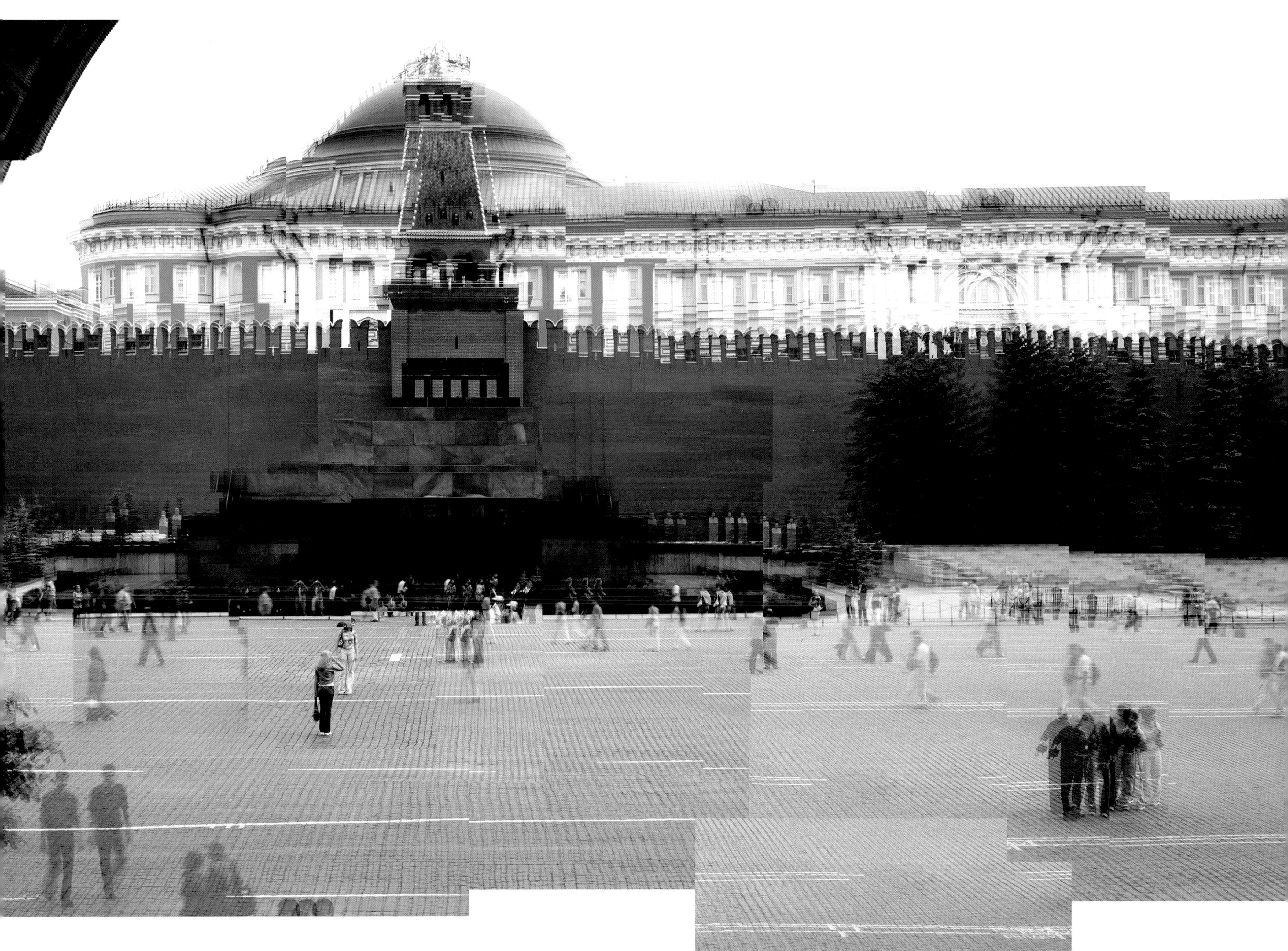

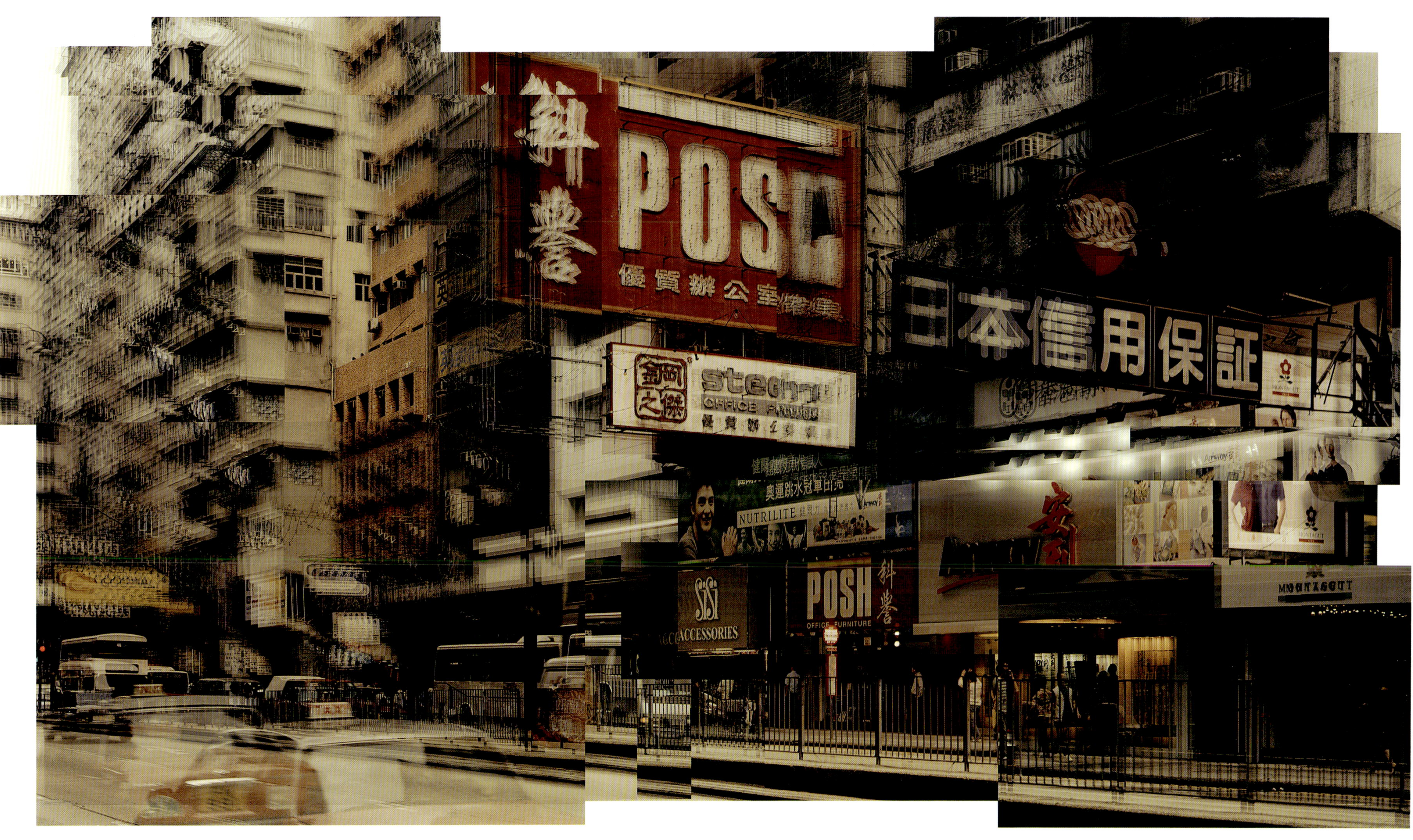
辦譽
POSA
優質辦公室
金剛之傑
steel
OFFICE FURNITURE
優質辦
日本信用保証
NUTRILITE
POSH
OFFICE FURNITURE
科譽
SiSi
ACCESSORIES
MONTAGUT

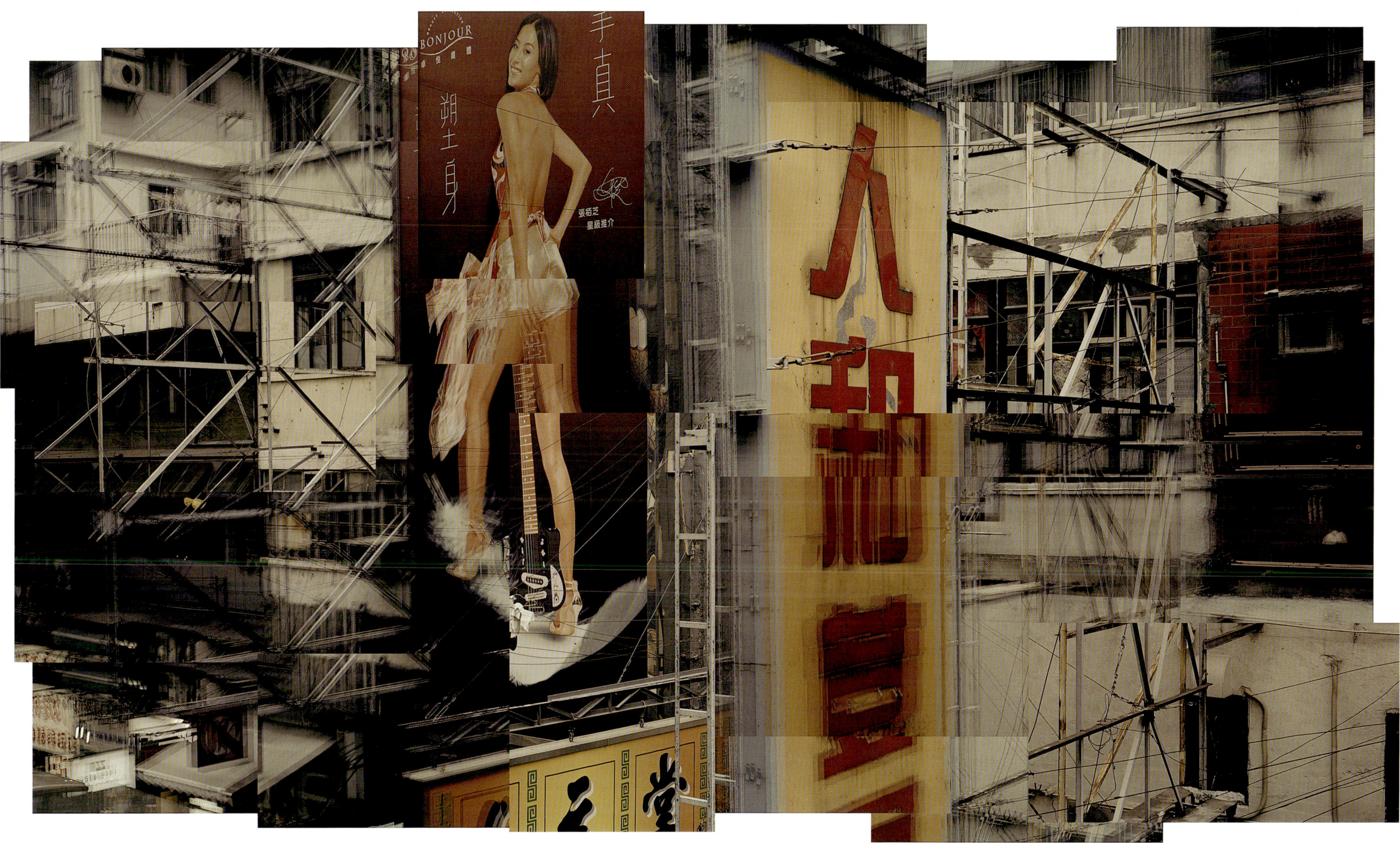
BONJOUR
手真
朔土身
張栢芝
星級推介
人和
堂

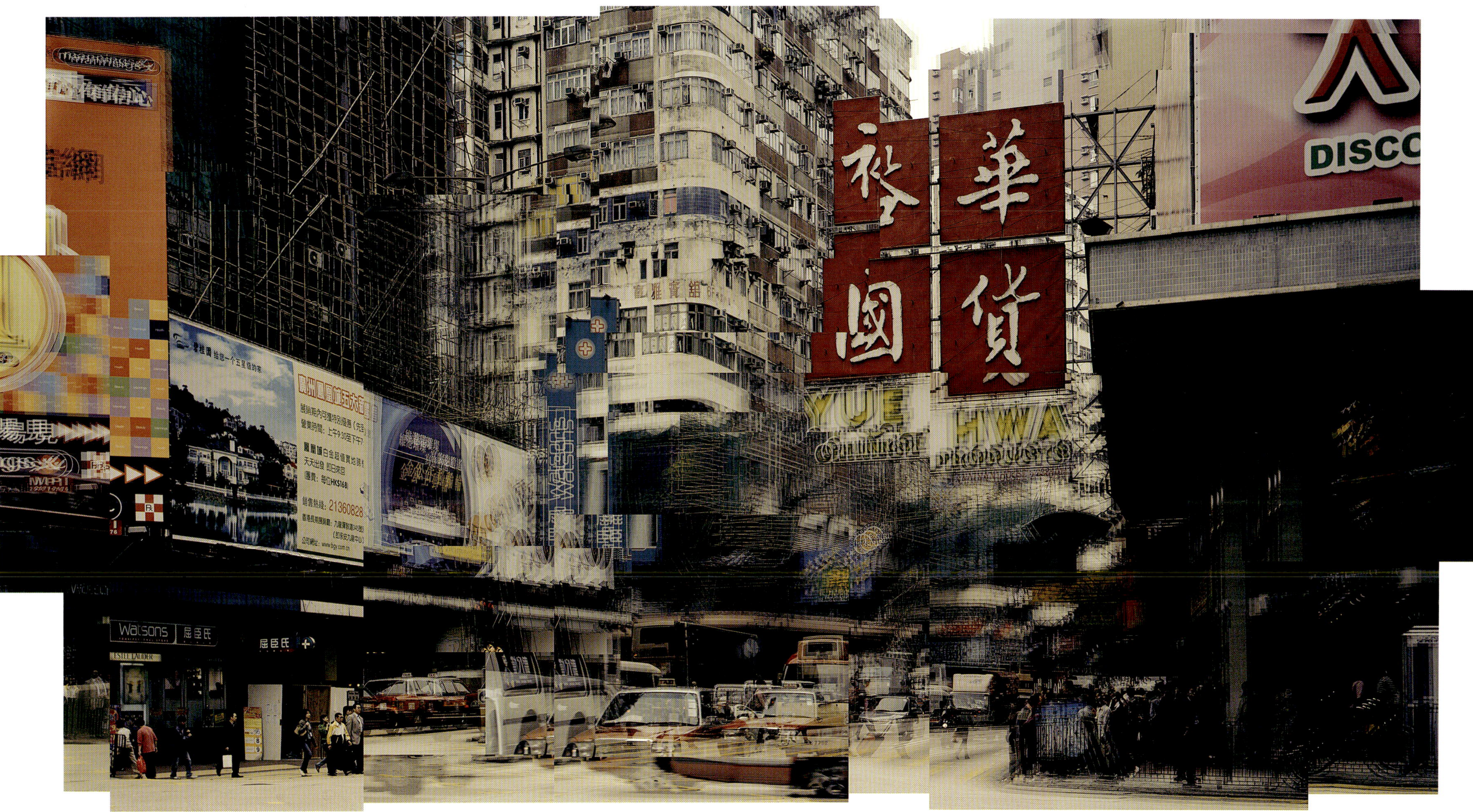

華
貨
國
YUE HWA
DISCO
Watsons 屈臣氏
屈臣氏

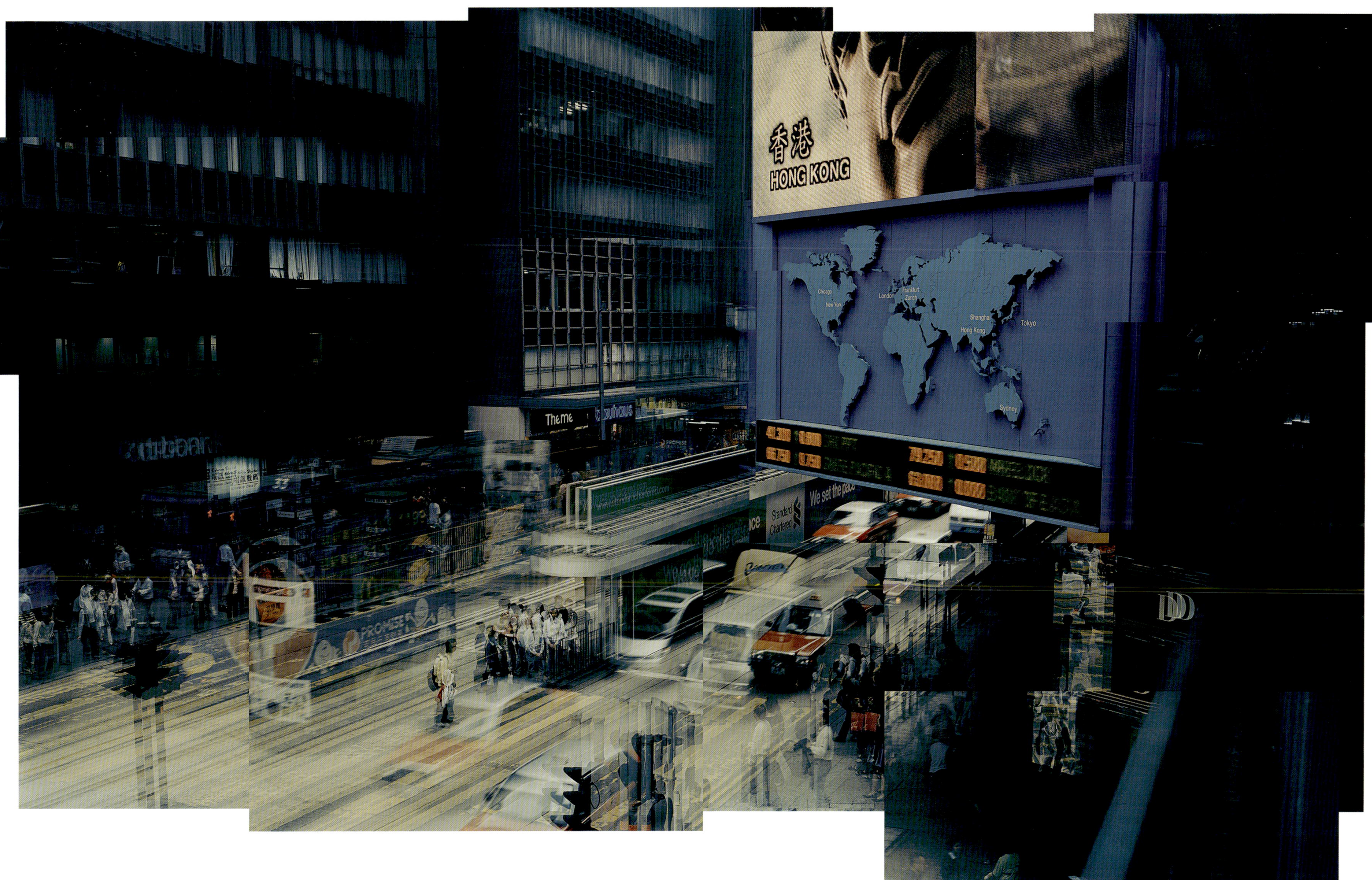

香港
HONG KONG
Chicago
New York
London Frankfurt Zürich
Shanghai
Hong Kong Tokyo
Sydney
Theme
We set the pace
Standard Chartered

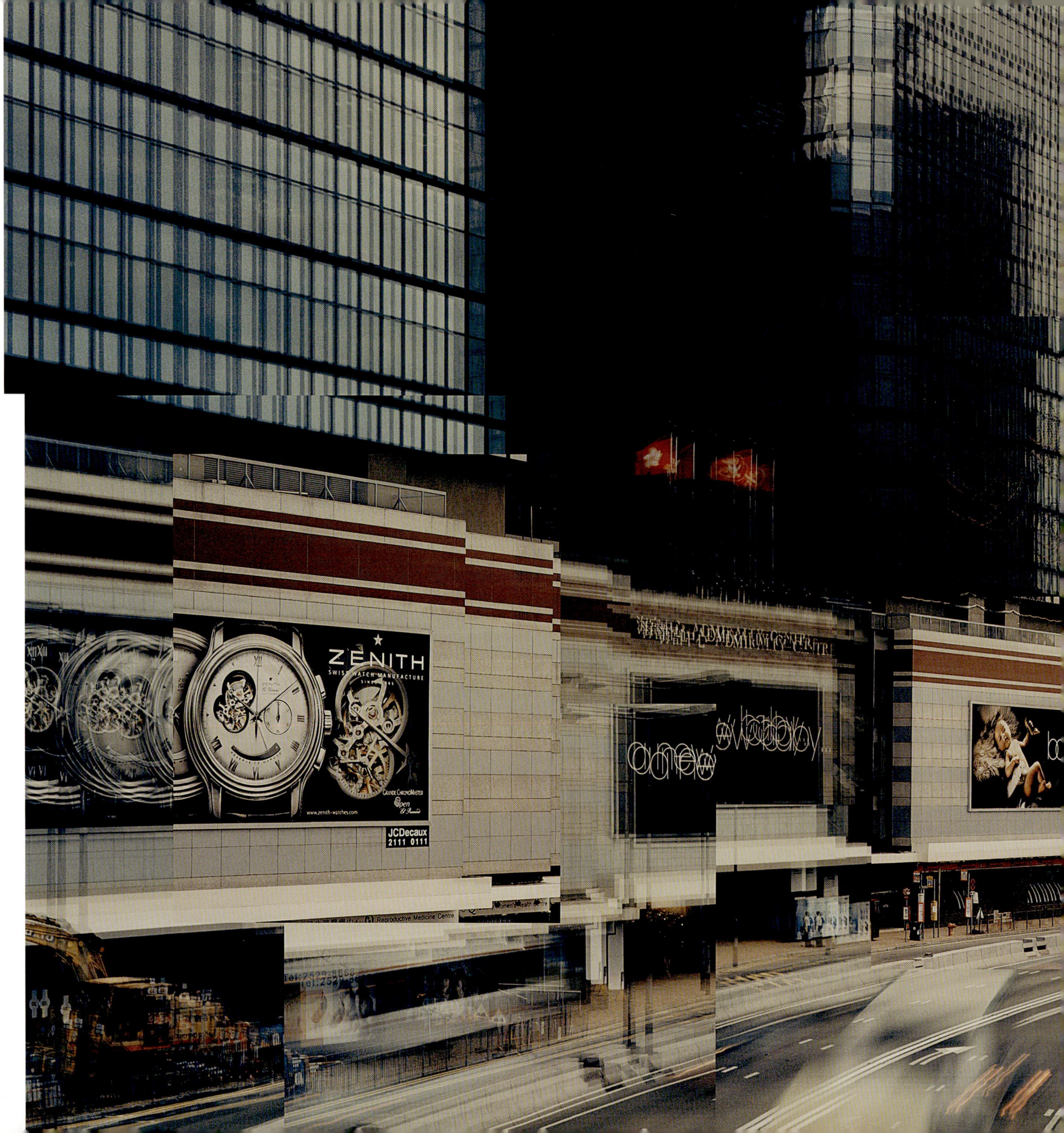

ZENITH
SWISS WATCH MANUFACTURE
SINCE 1865
GRANDE CHRONOMASTER
Open
El Founded
www.zenith-watches.com
JCDecaux
2111 0111
Reproductive Medicine Centre

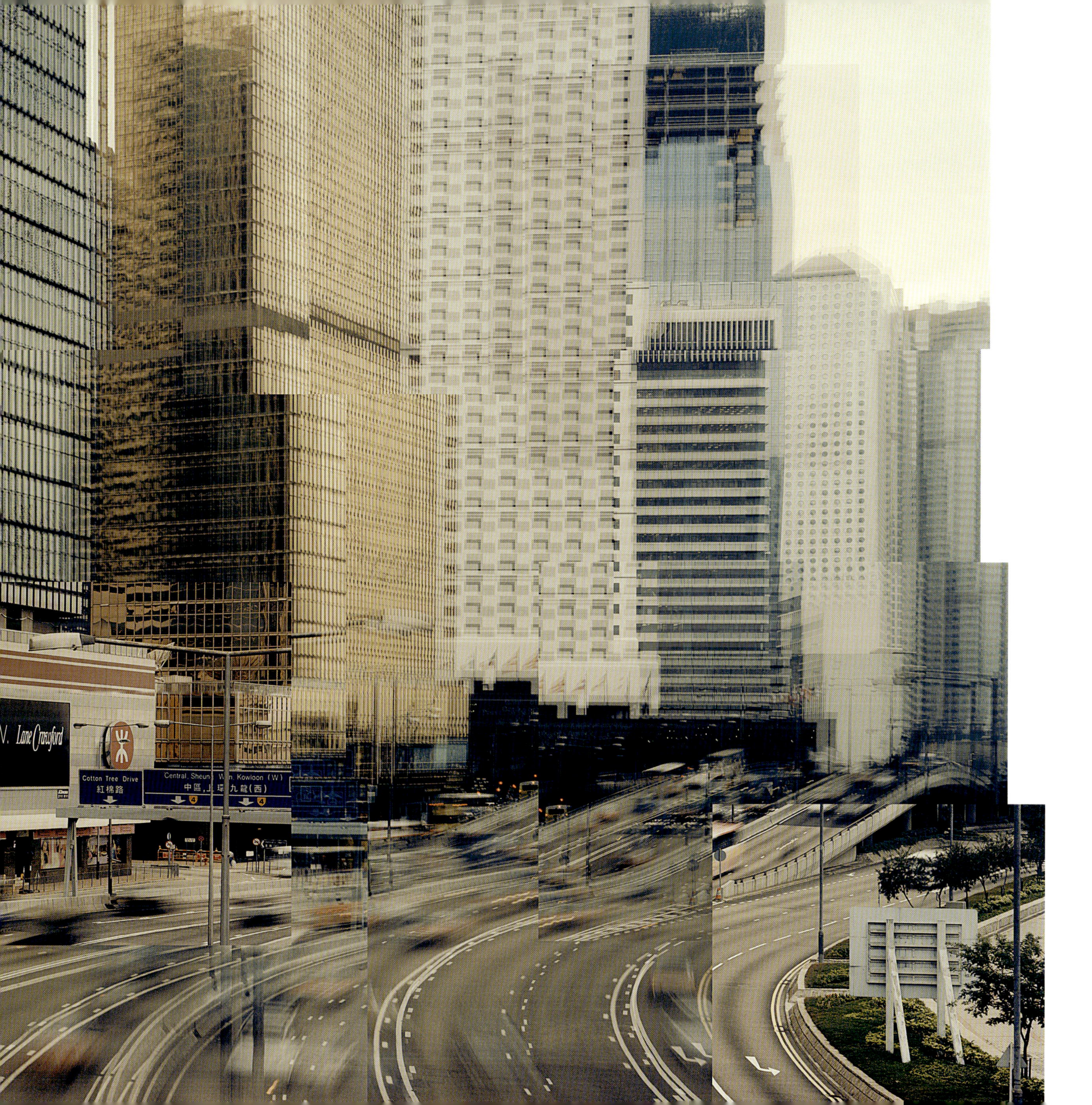
V. Lane Crawford
Cotton Tree Drive
紅棉路
Central, Sheung Wan, Kowloon (W)
中區, 上環, 九龍(西)

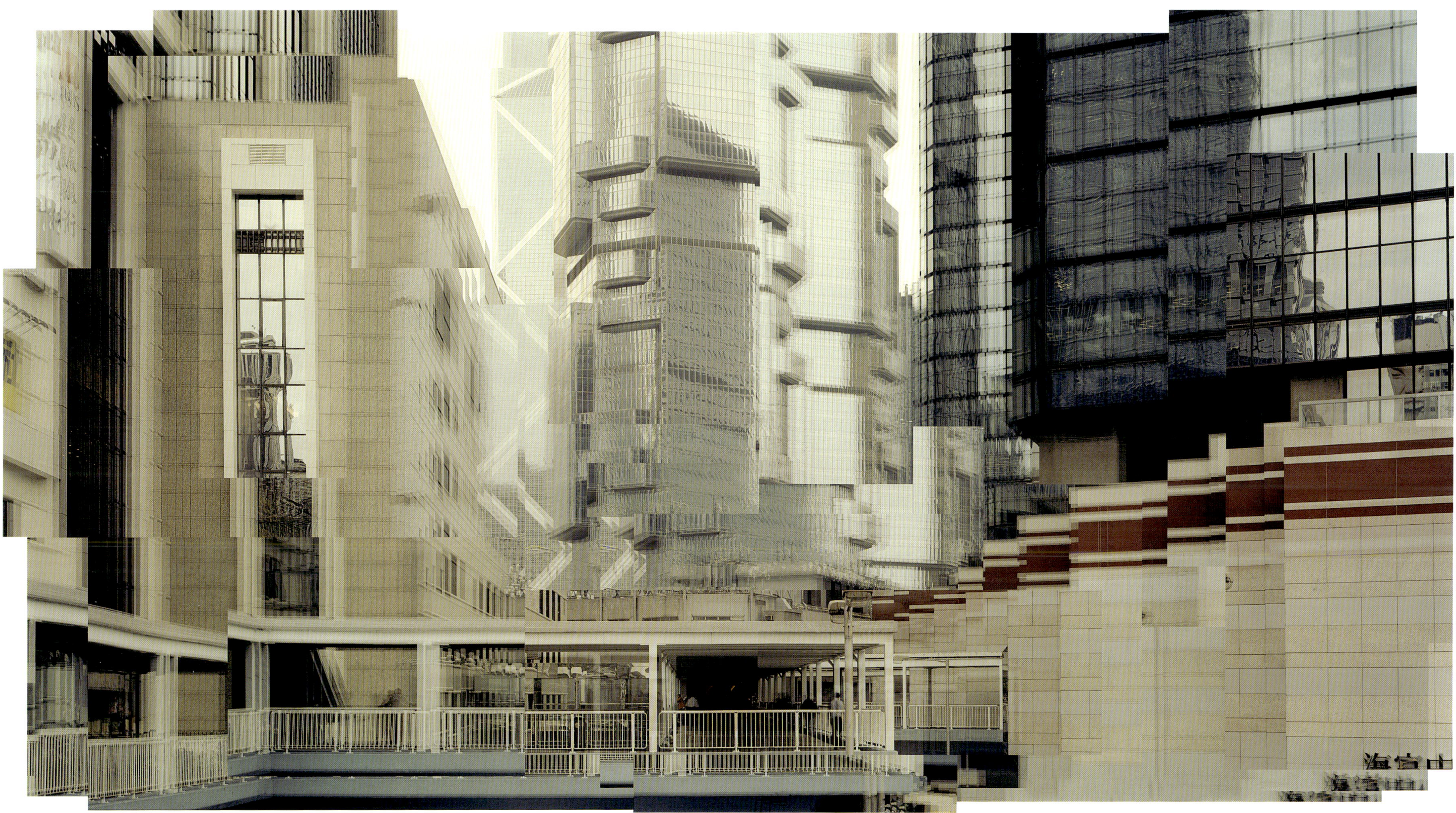

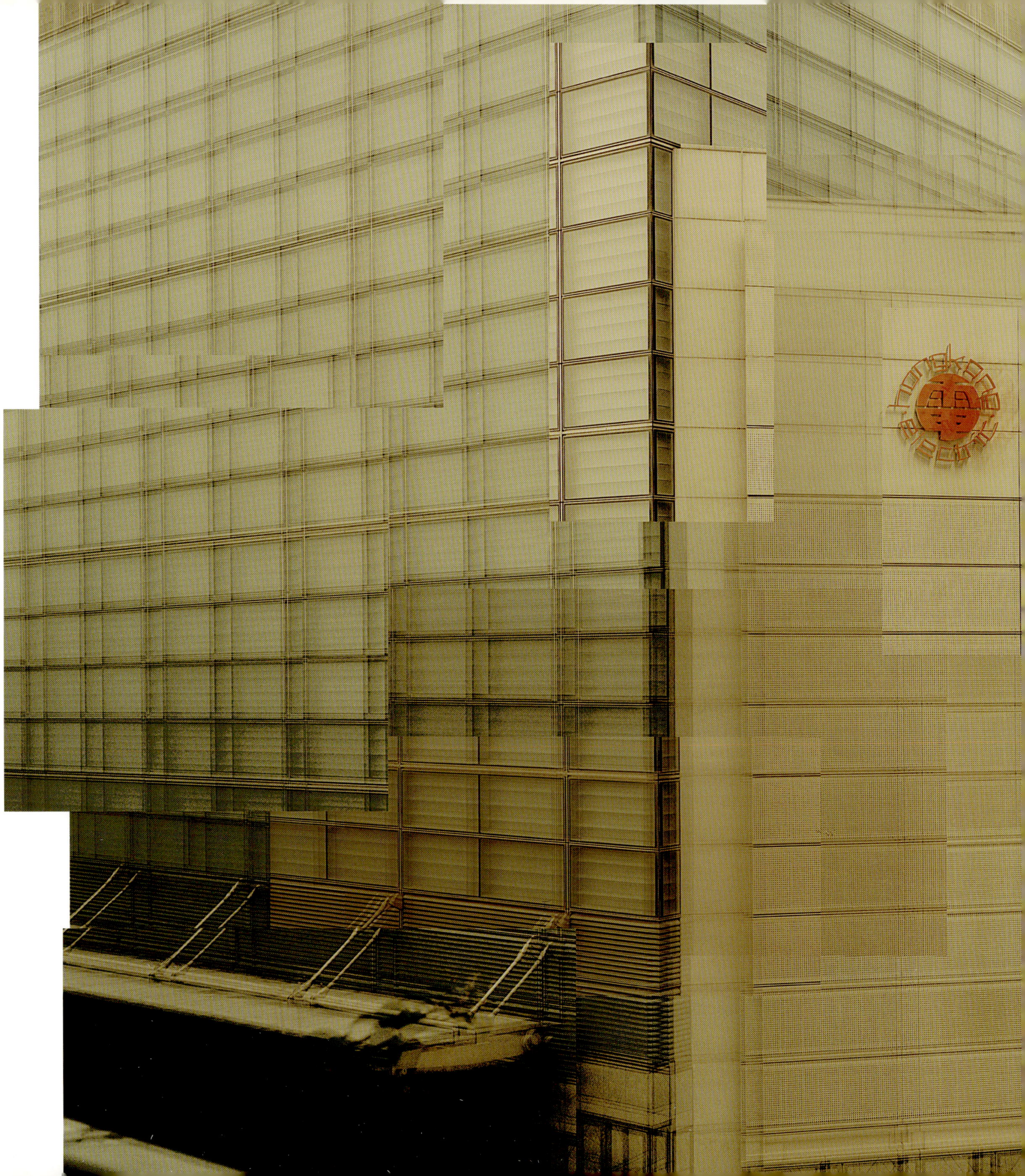

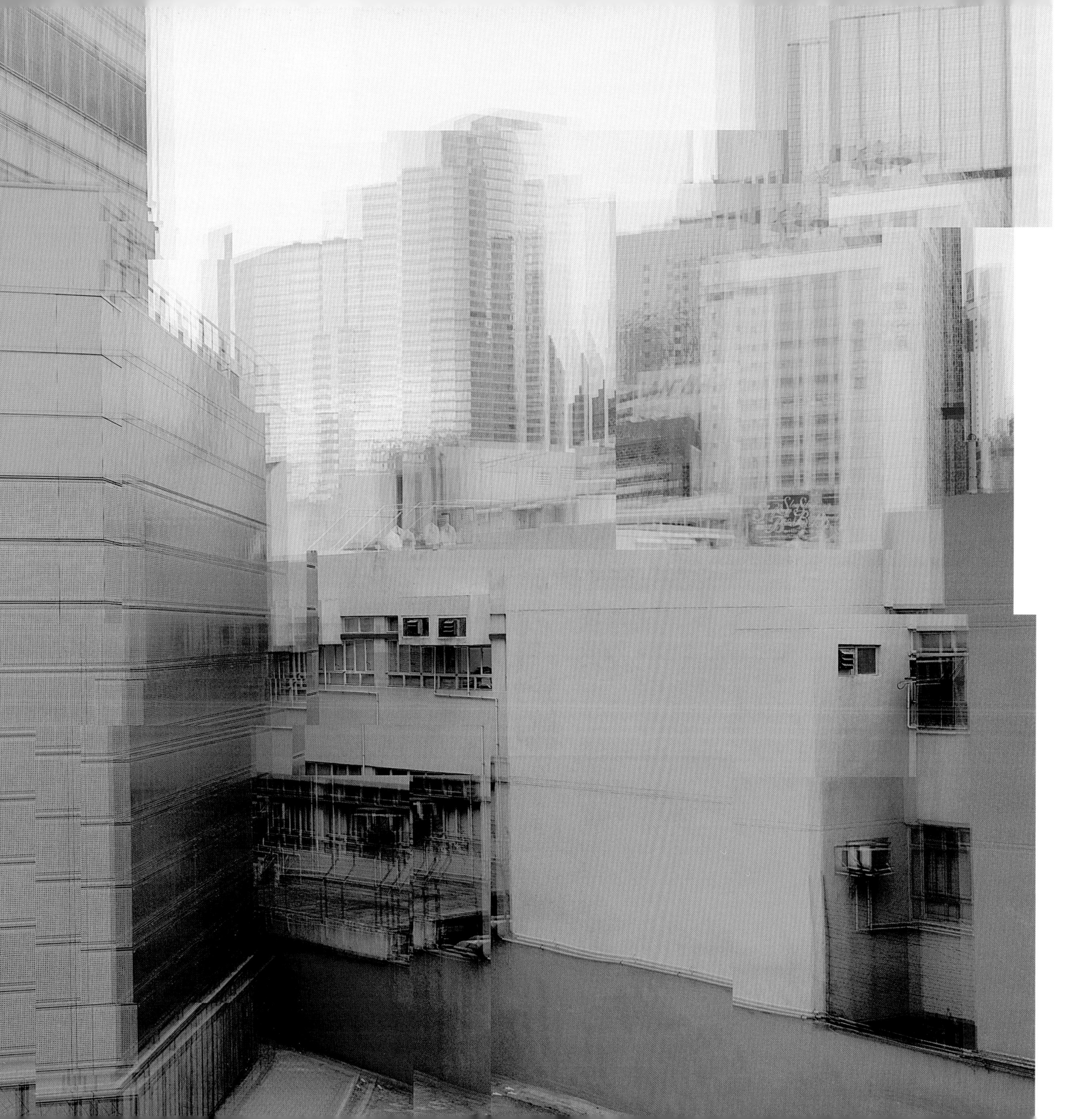

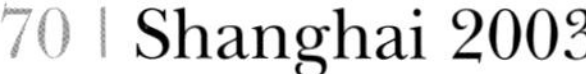

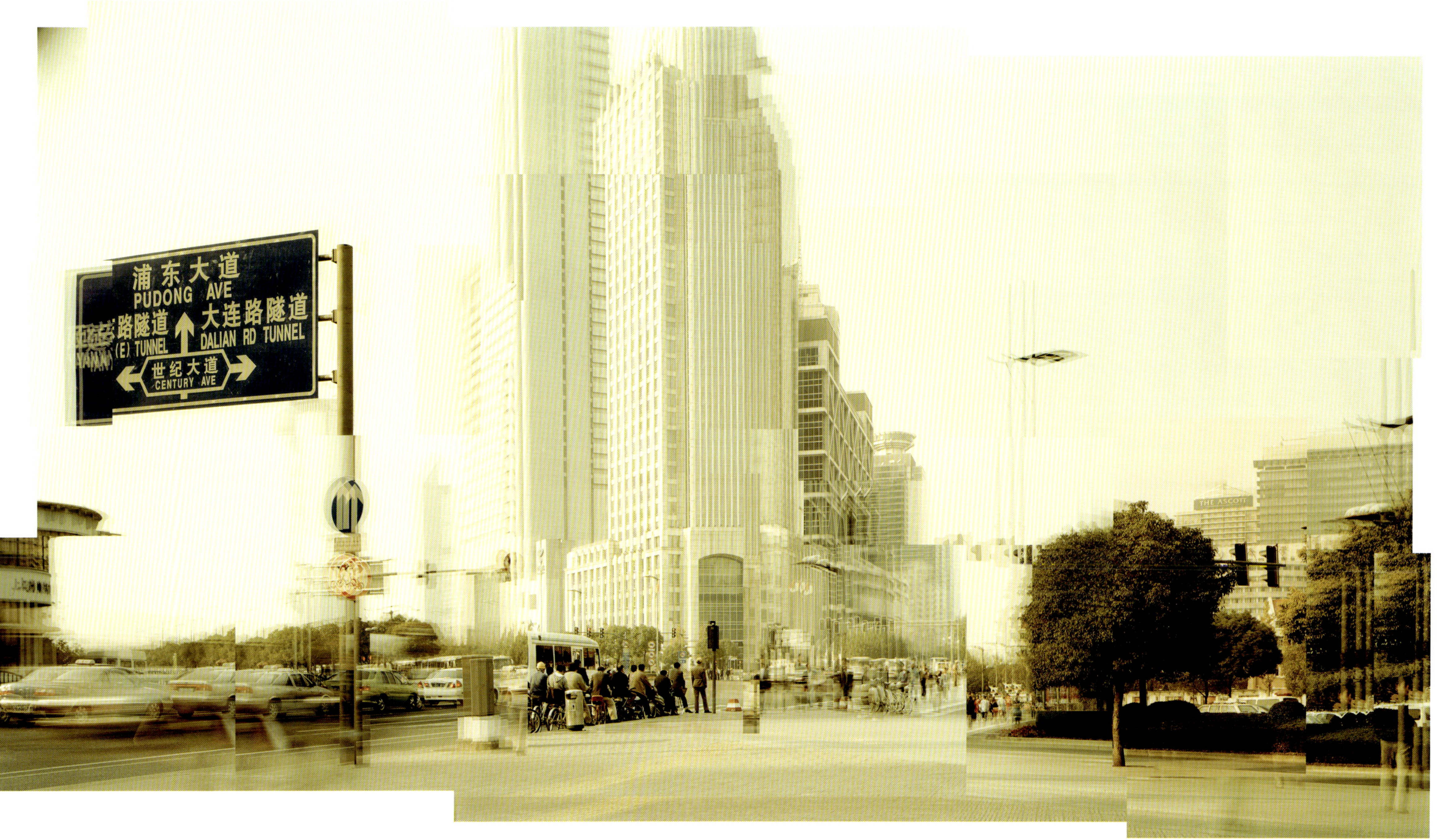
浦 东 大 道
PUDONG AVE
路隧道 大连路隧道
(E) TUNNEL DALIAN RD TUNNEL
世纪大道
CENTURY AVE
THE ASCOTT

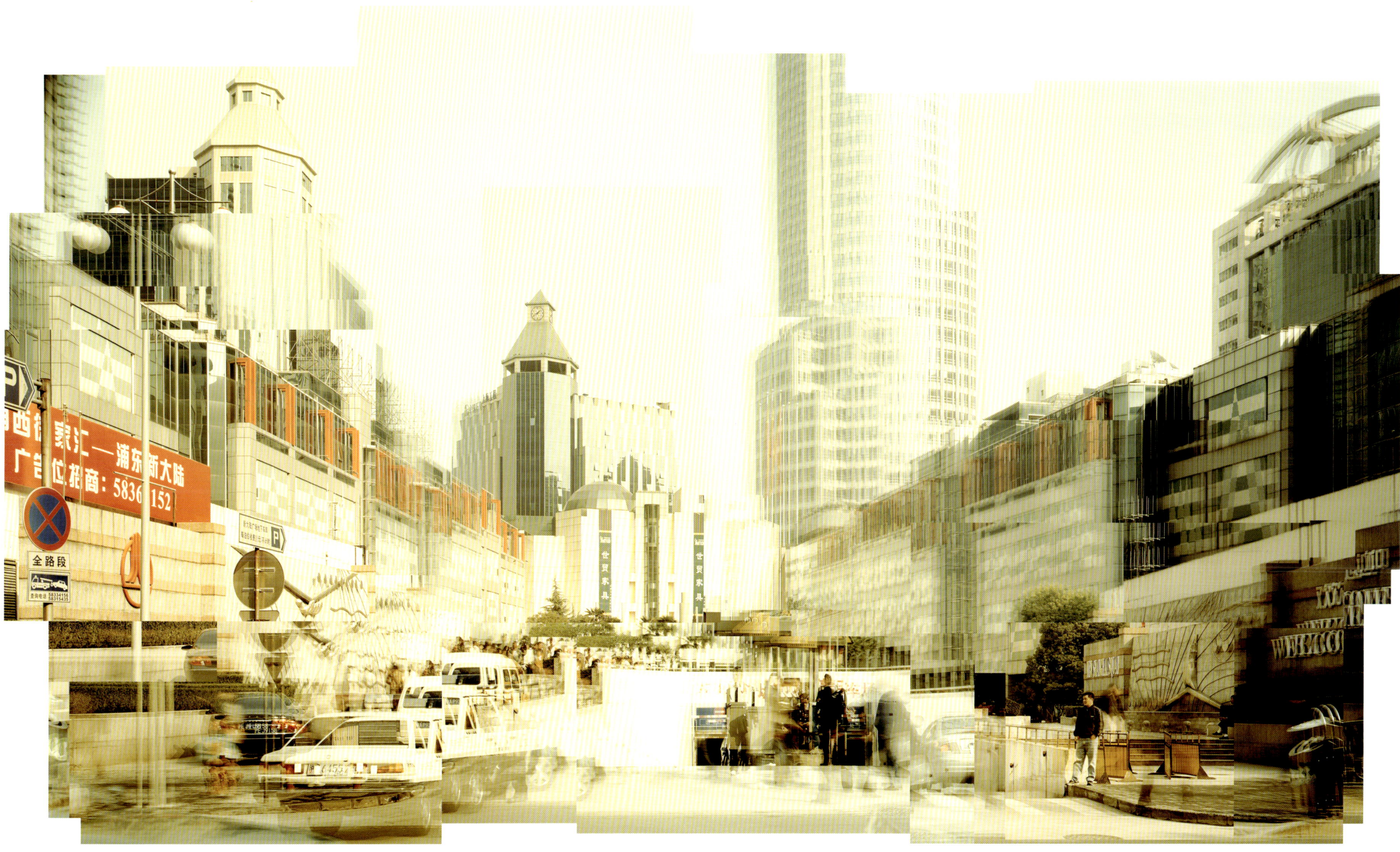

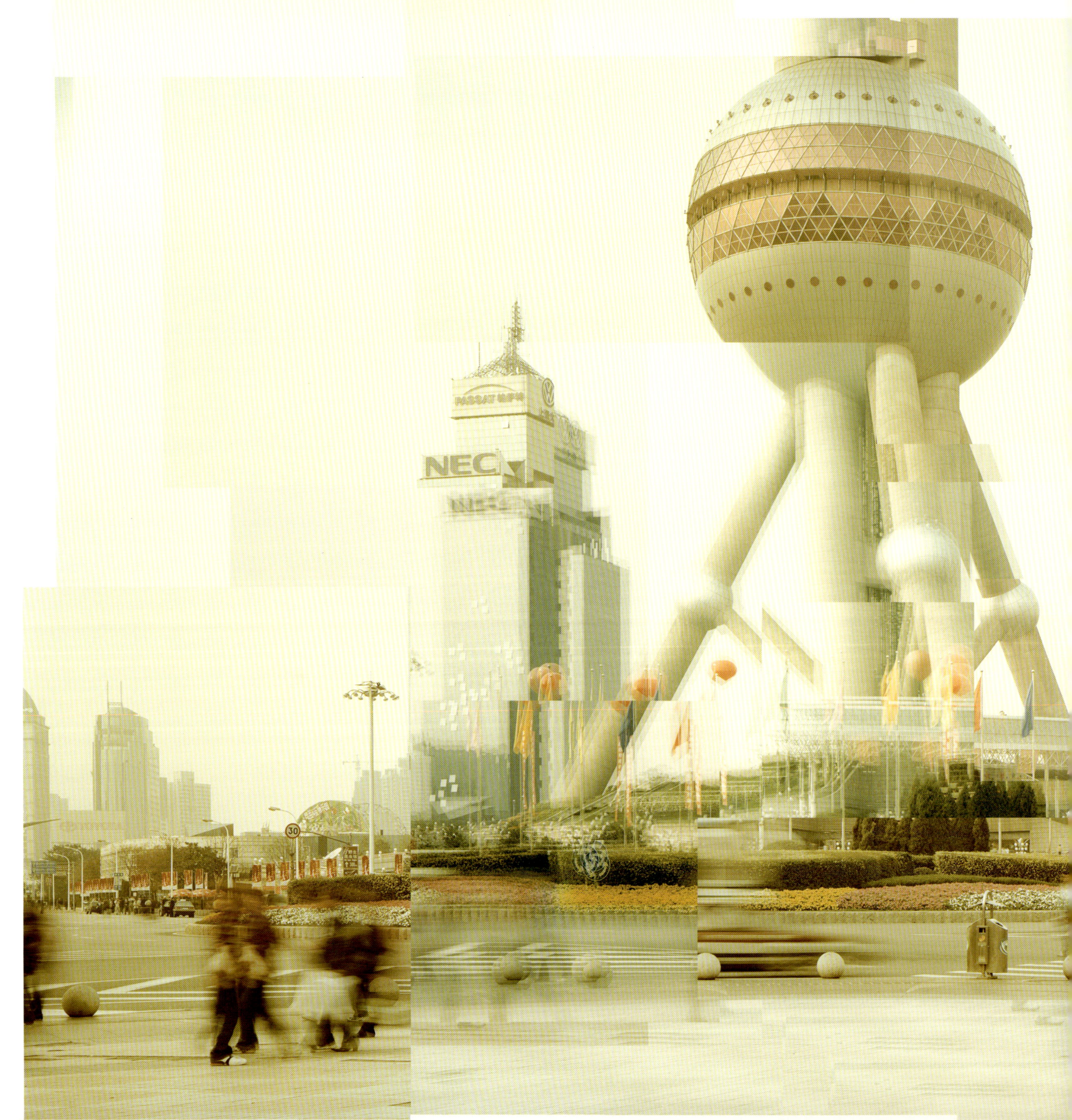

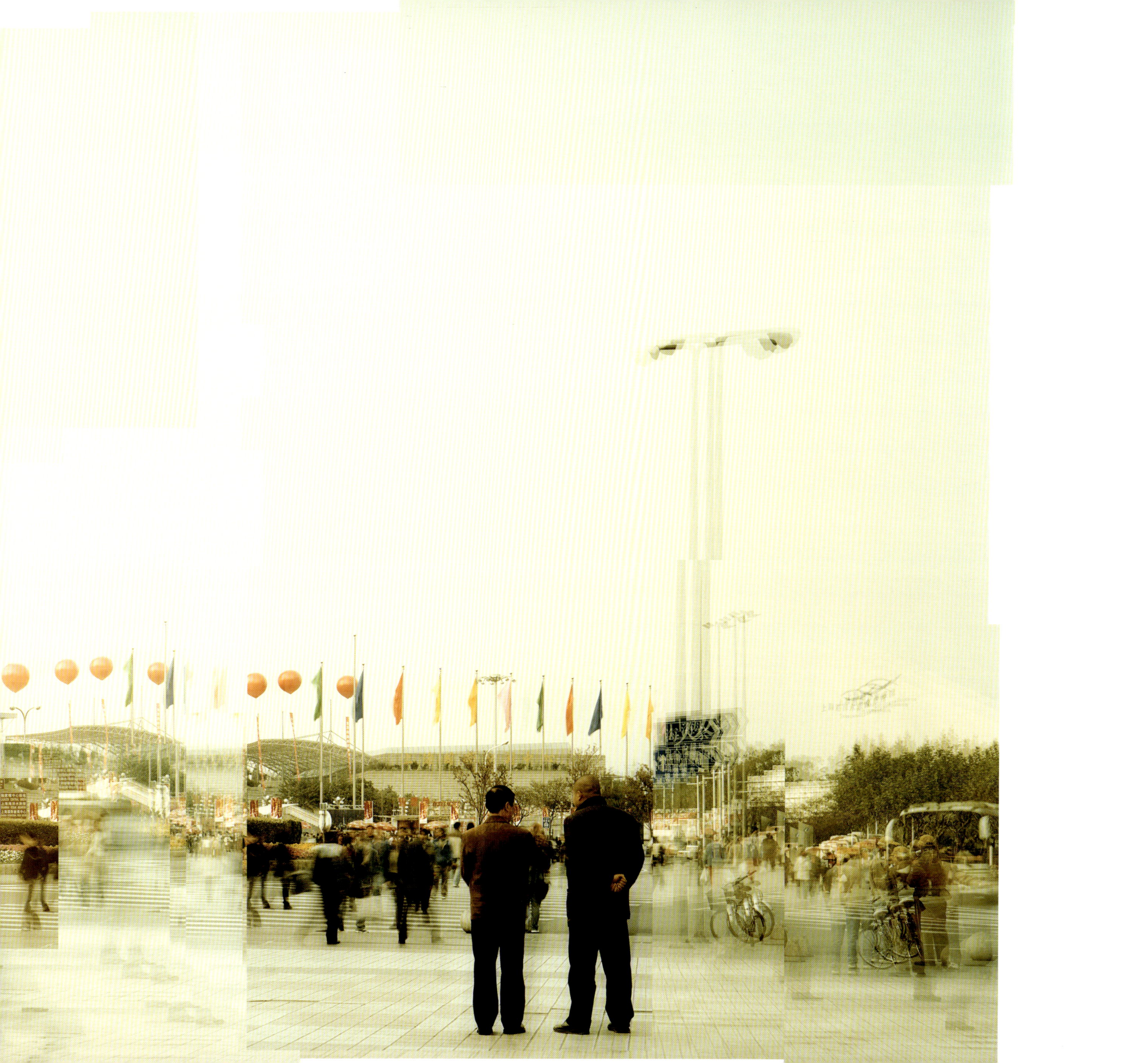

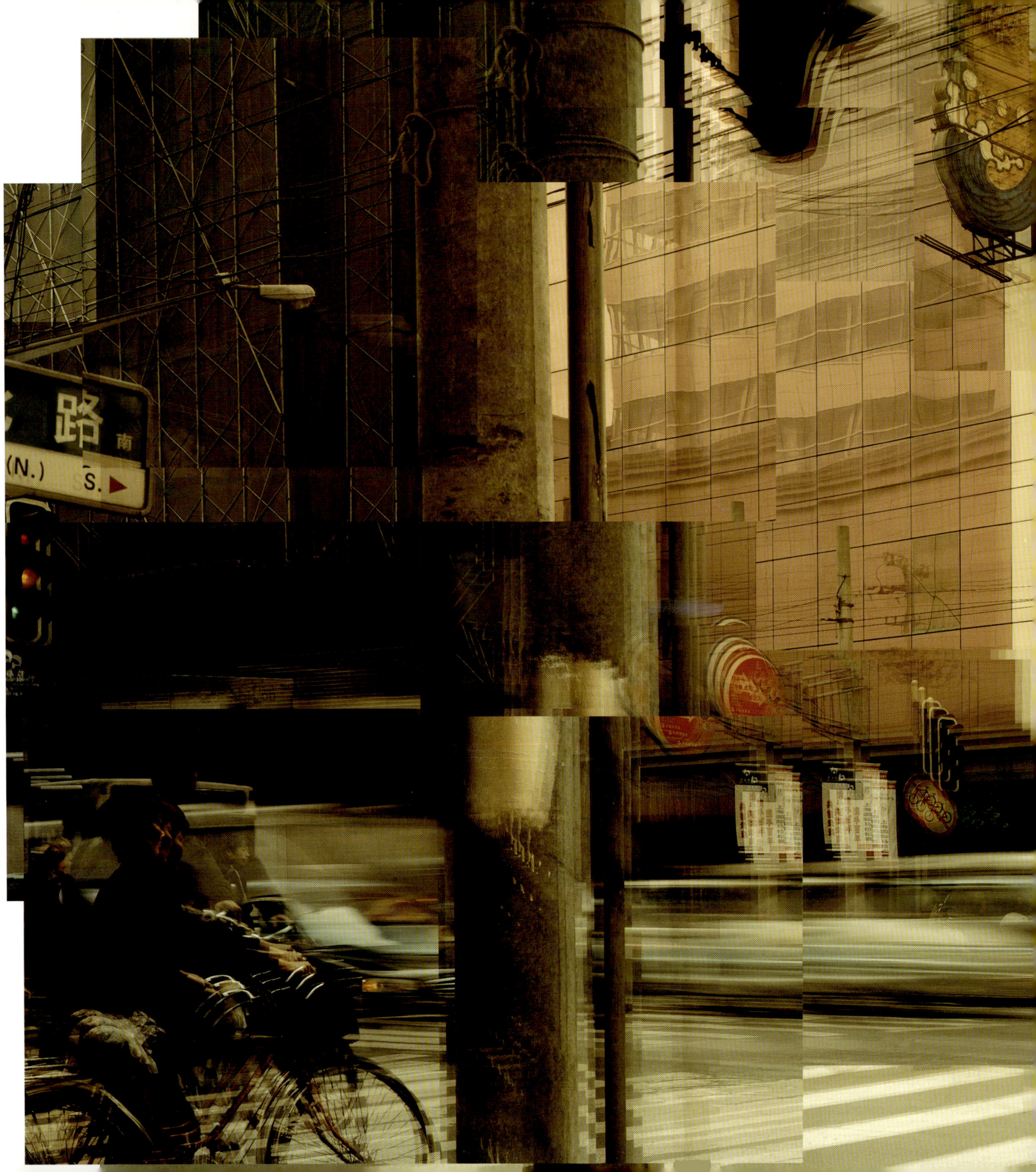

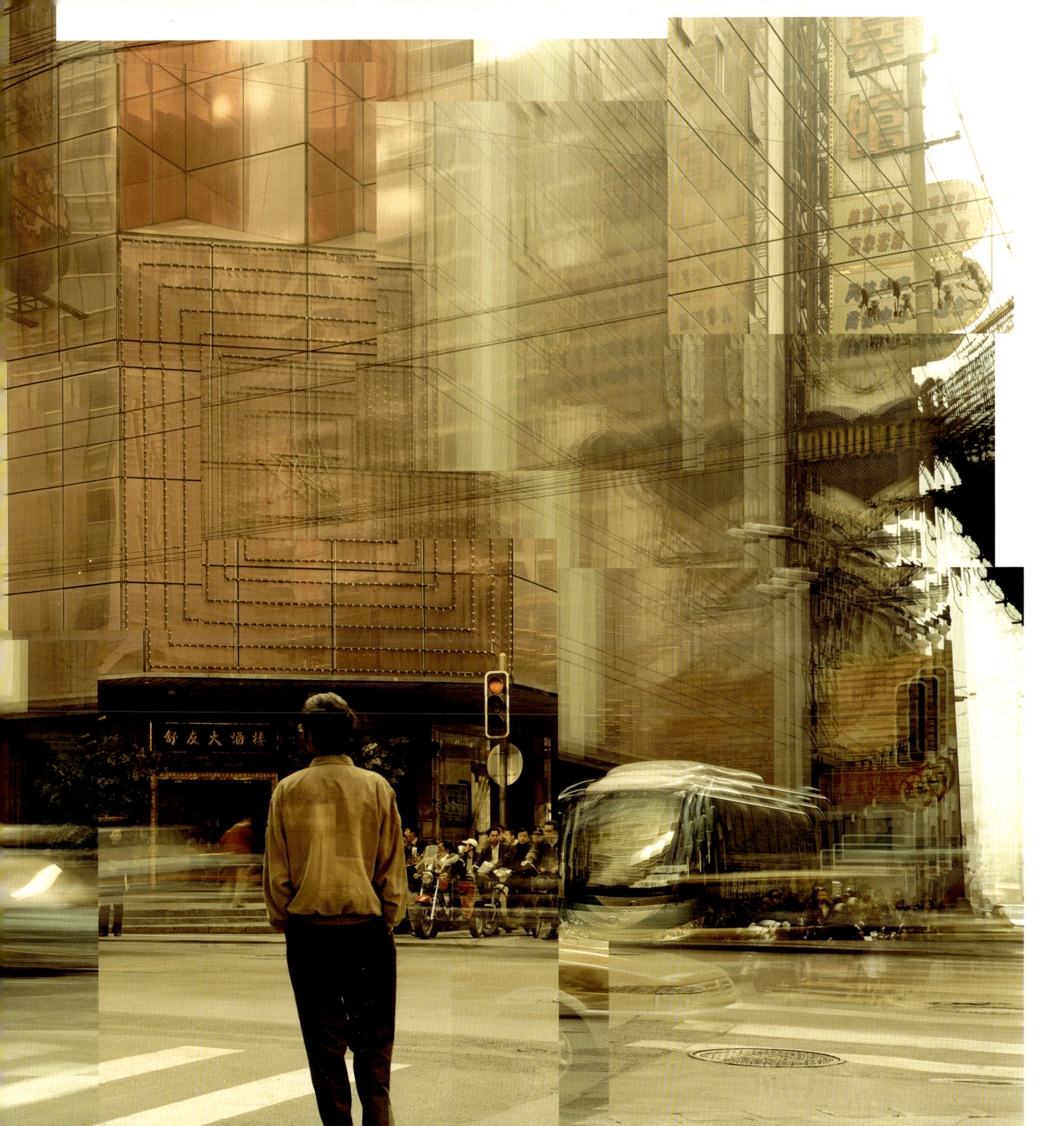

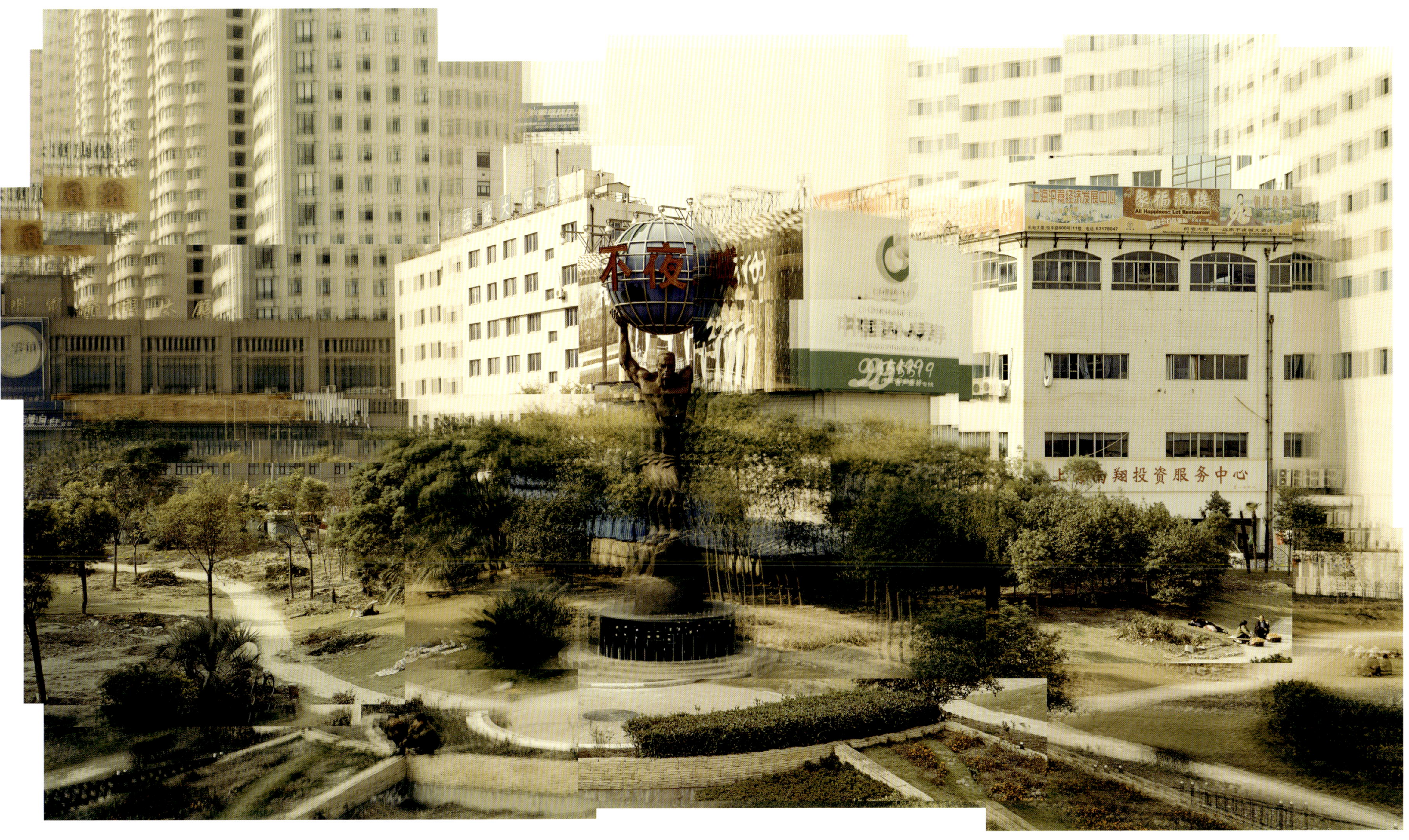
不夜
CHINA LIFE
中國人壽保險
99999
上海沪青经济发展中心
萃福酒楼
All Happiness Lot Restaurant
上海南翔投资服务中心

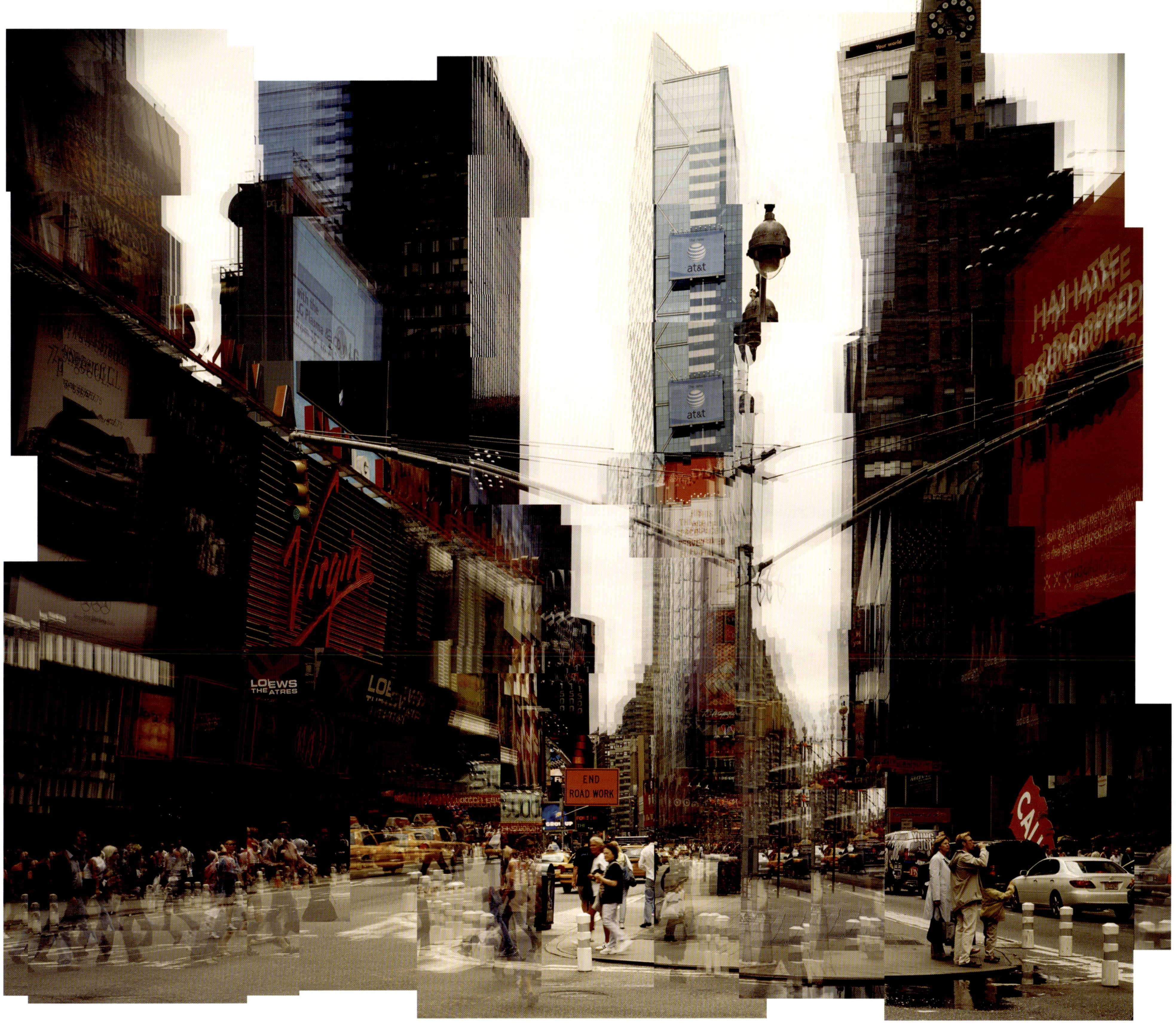

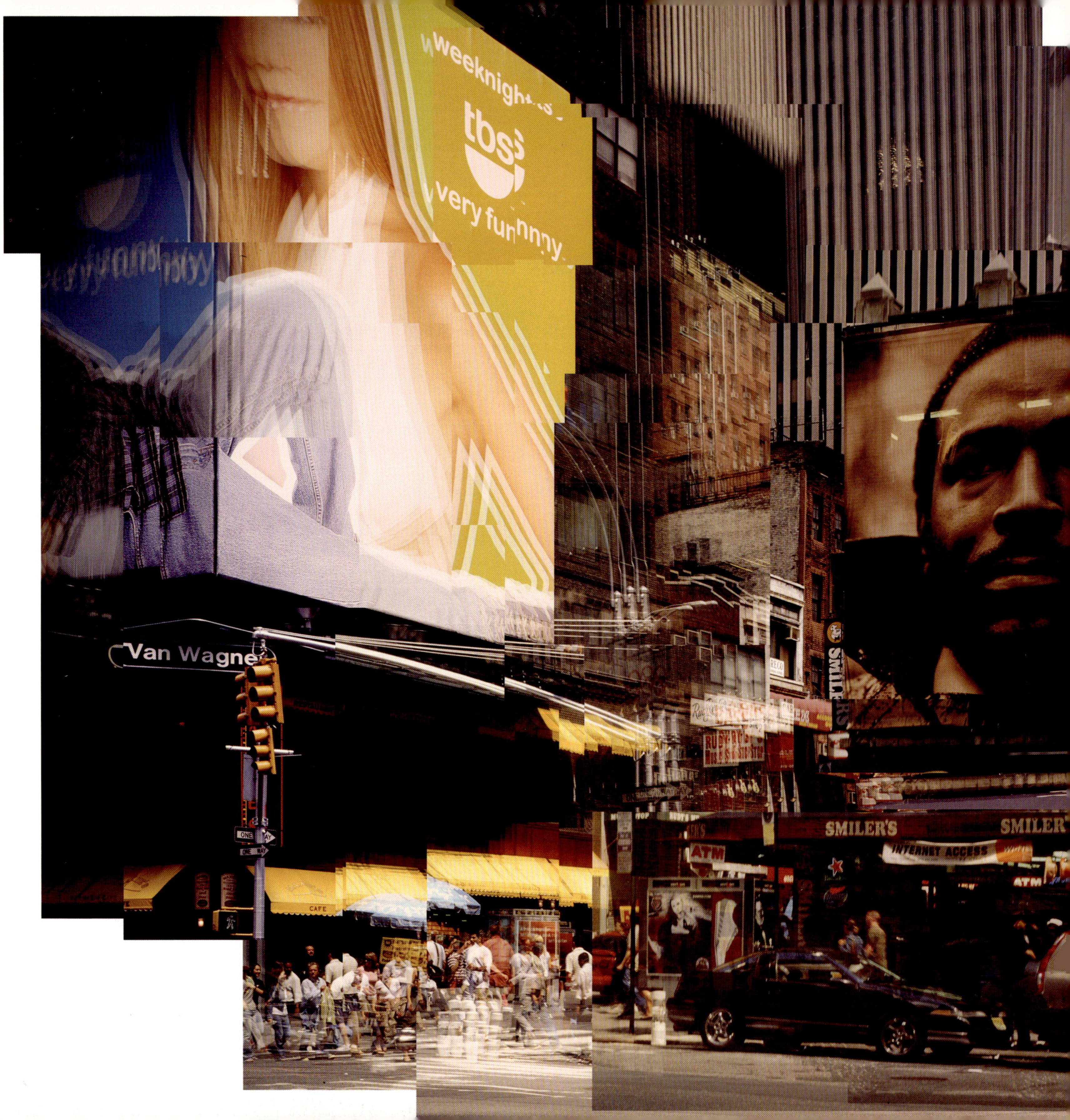

82 | New York 2006

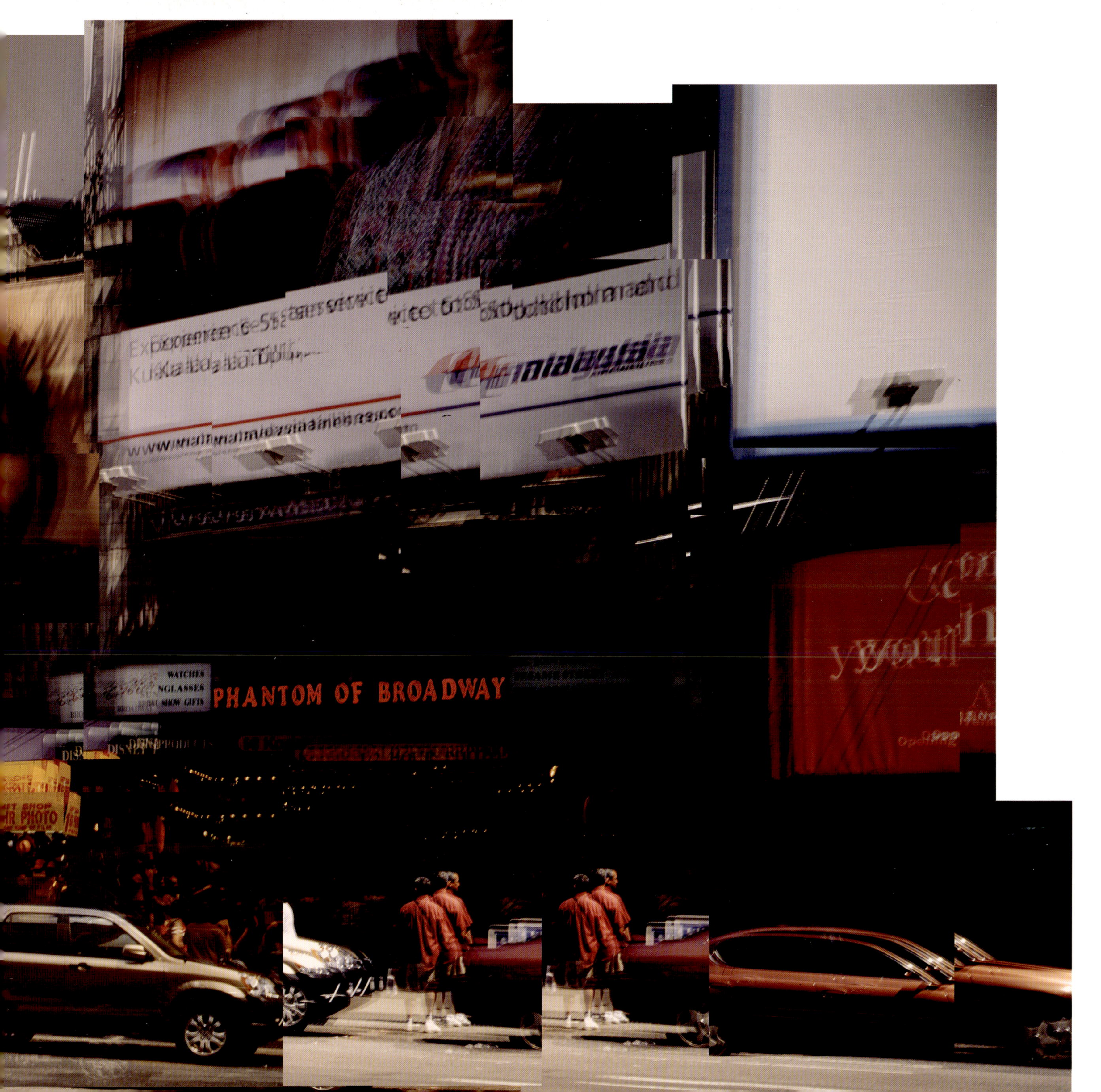
PHANTOM OF BROADWAY
WATCHES
NGLASSES
SHOW GIFTS
malaysia

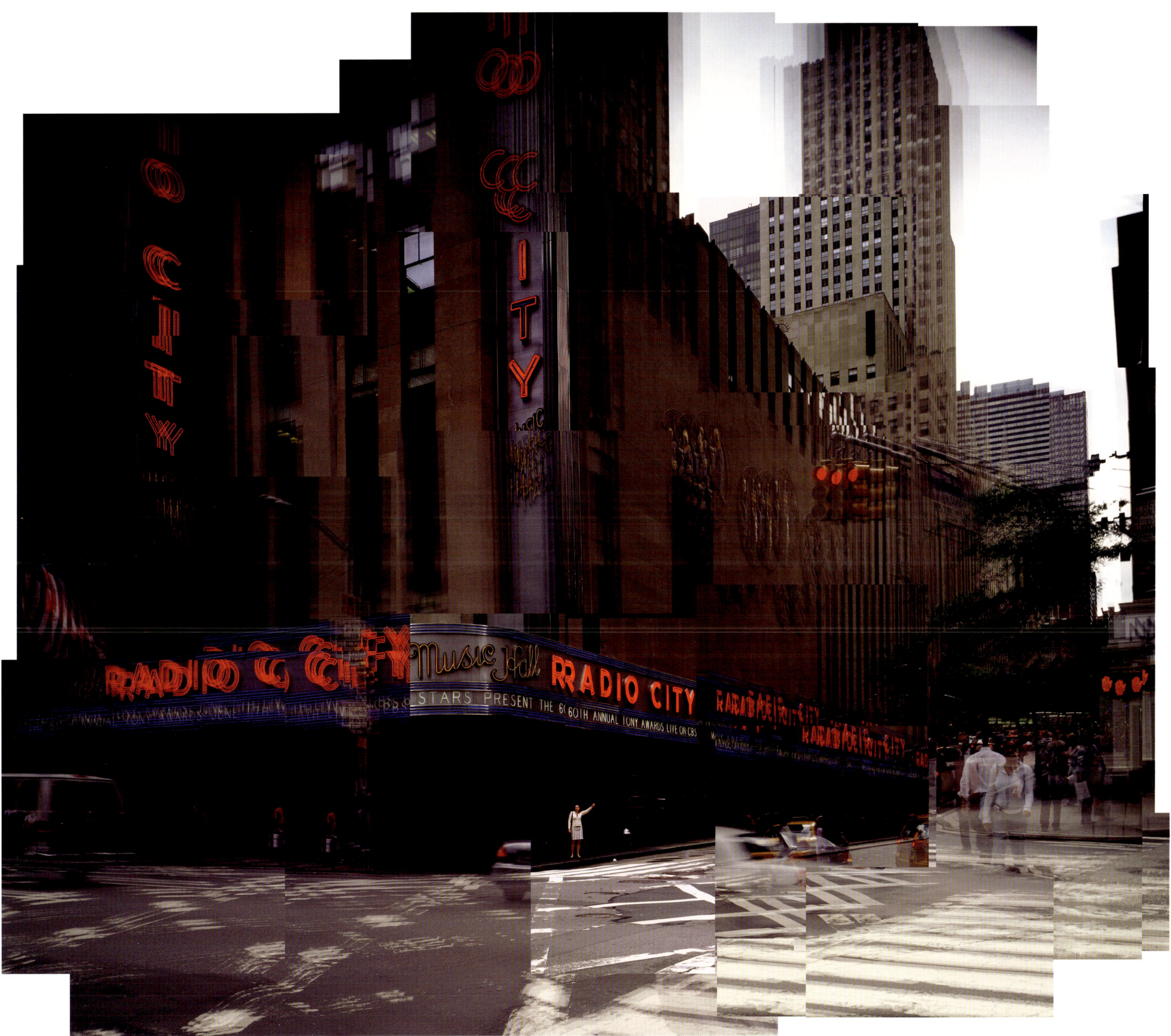

RADIO CITY
CITY
MUSIC HALL
RADIO CITY
MUSIC HALL
CBS & STARS PRESENT THE 60TH ANNUAL TONY AWARDS LIVE ON CBS

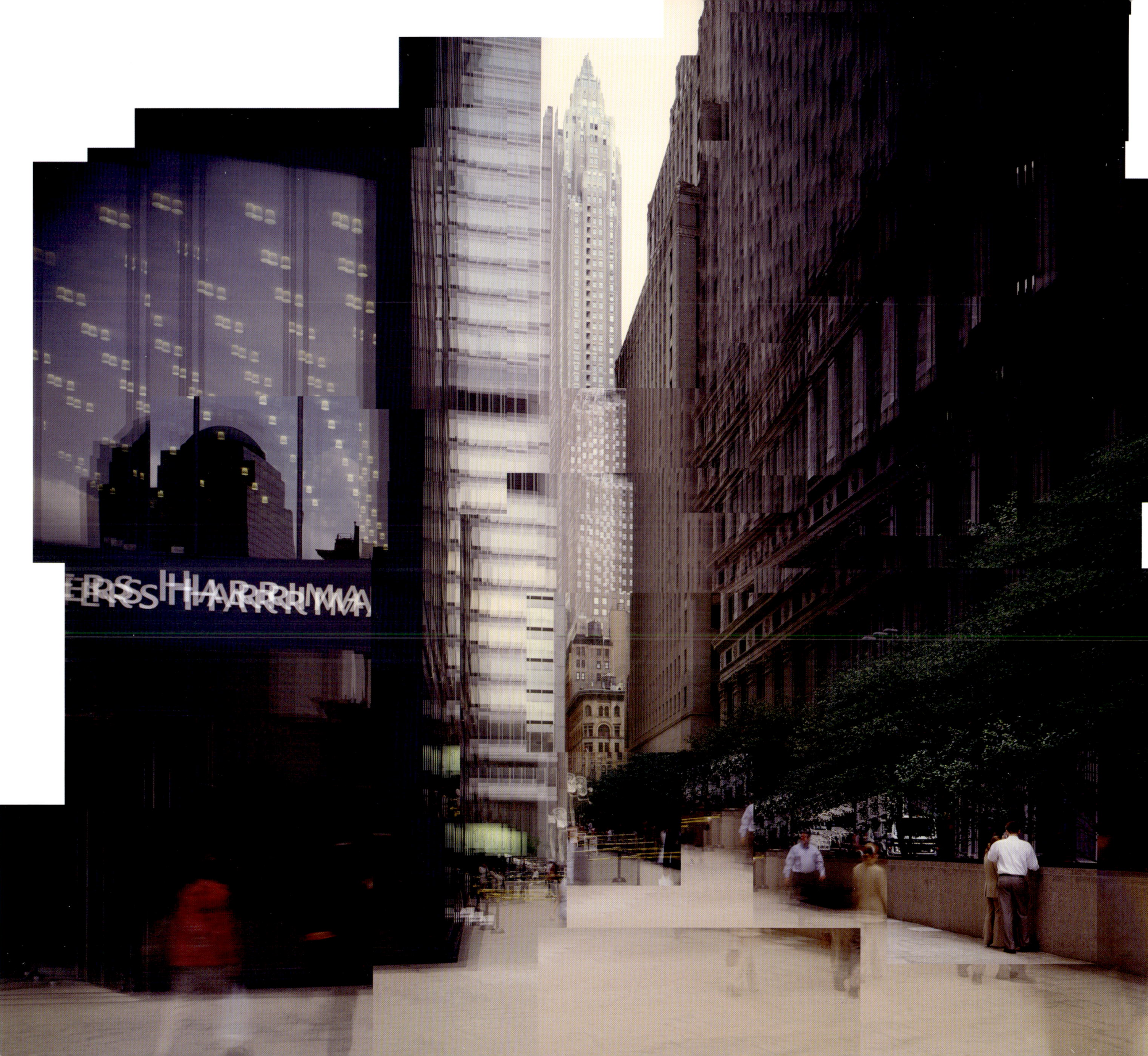
ERS HARRIMAN

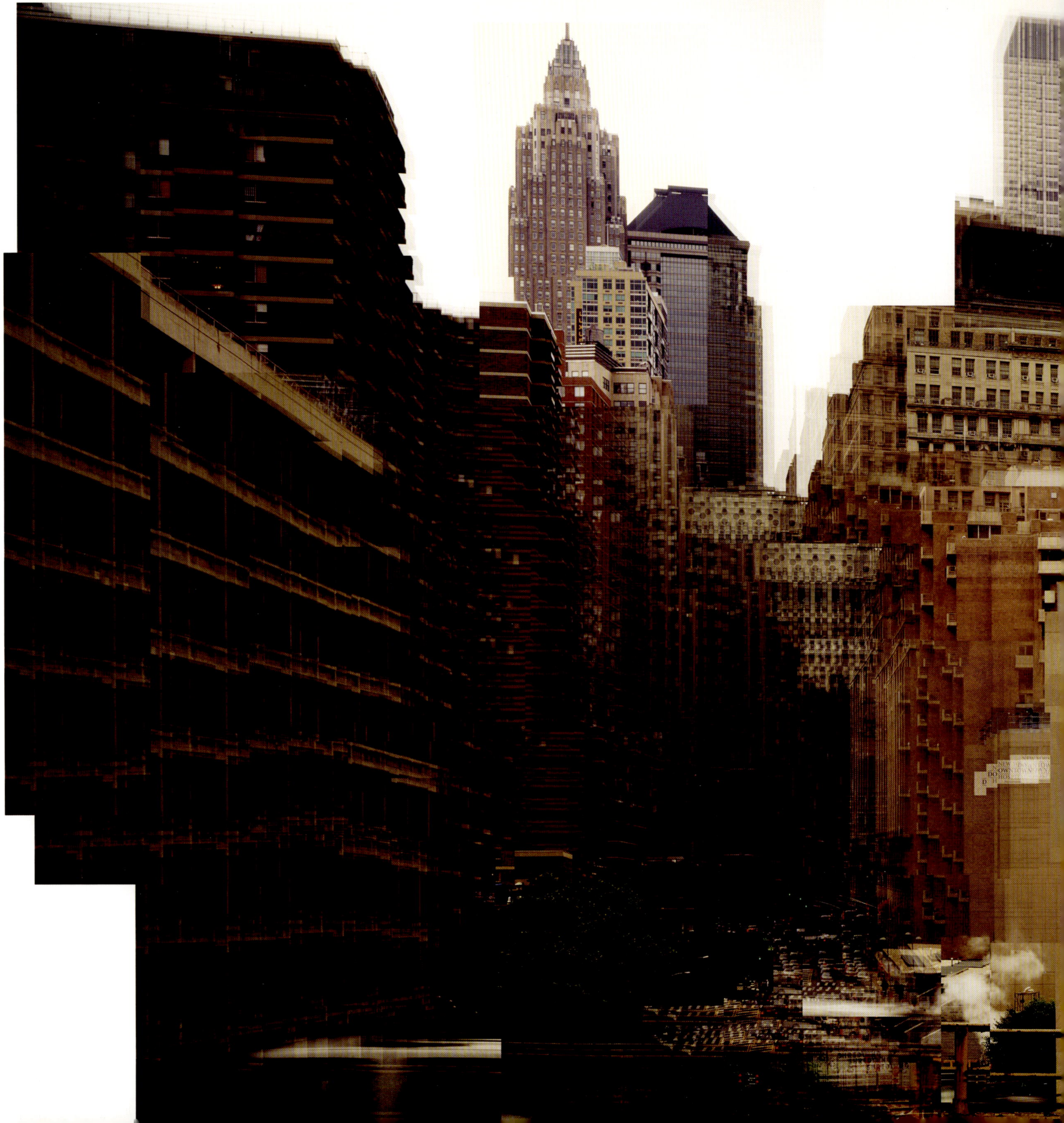

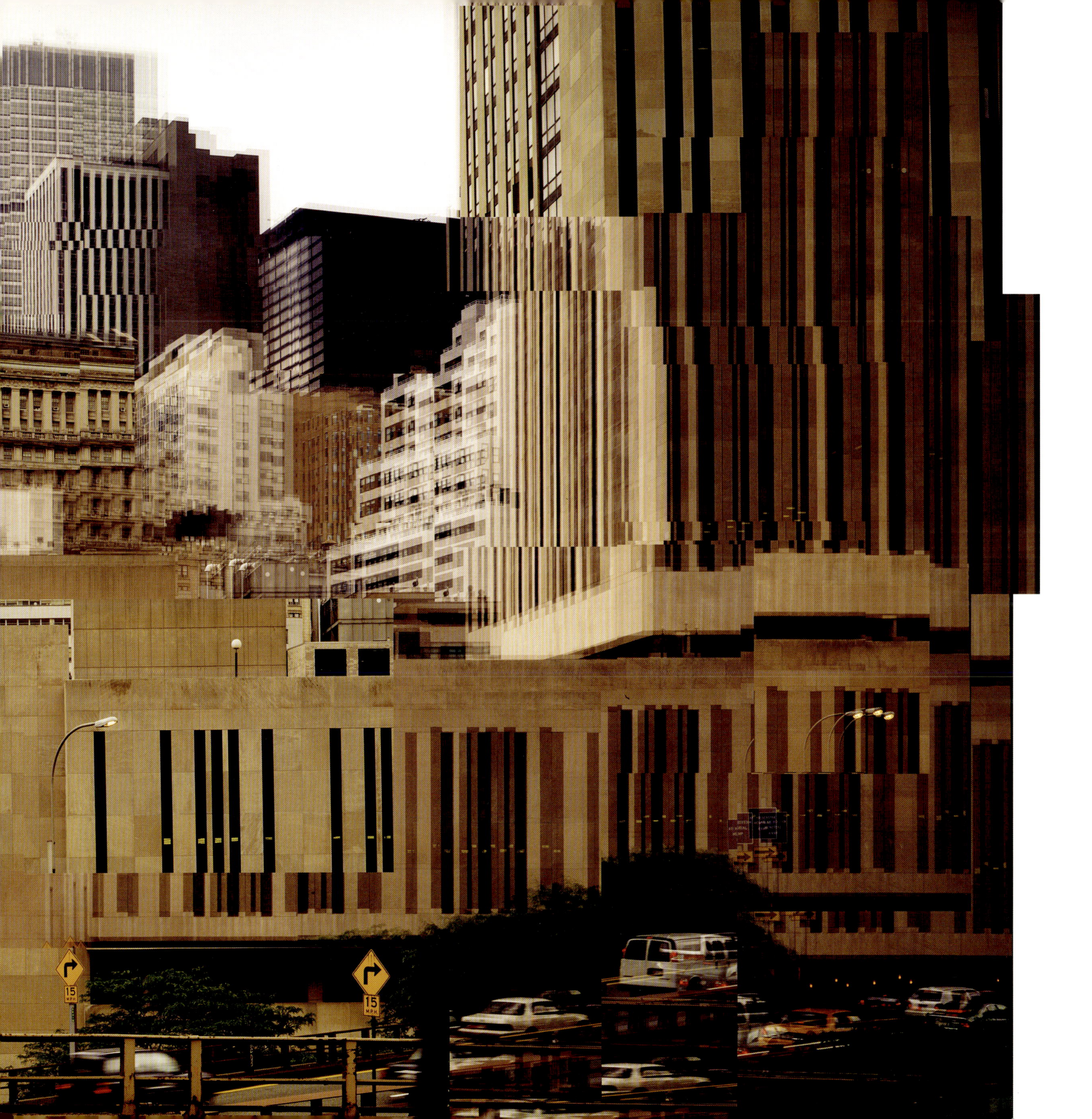
15
MPH
15
MPH

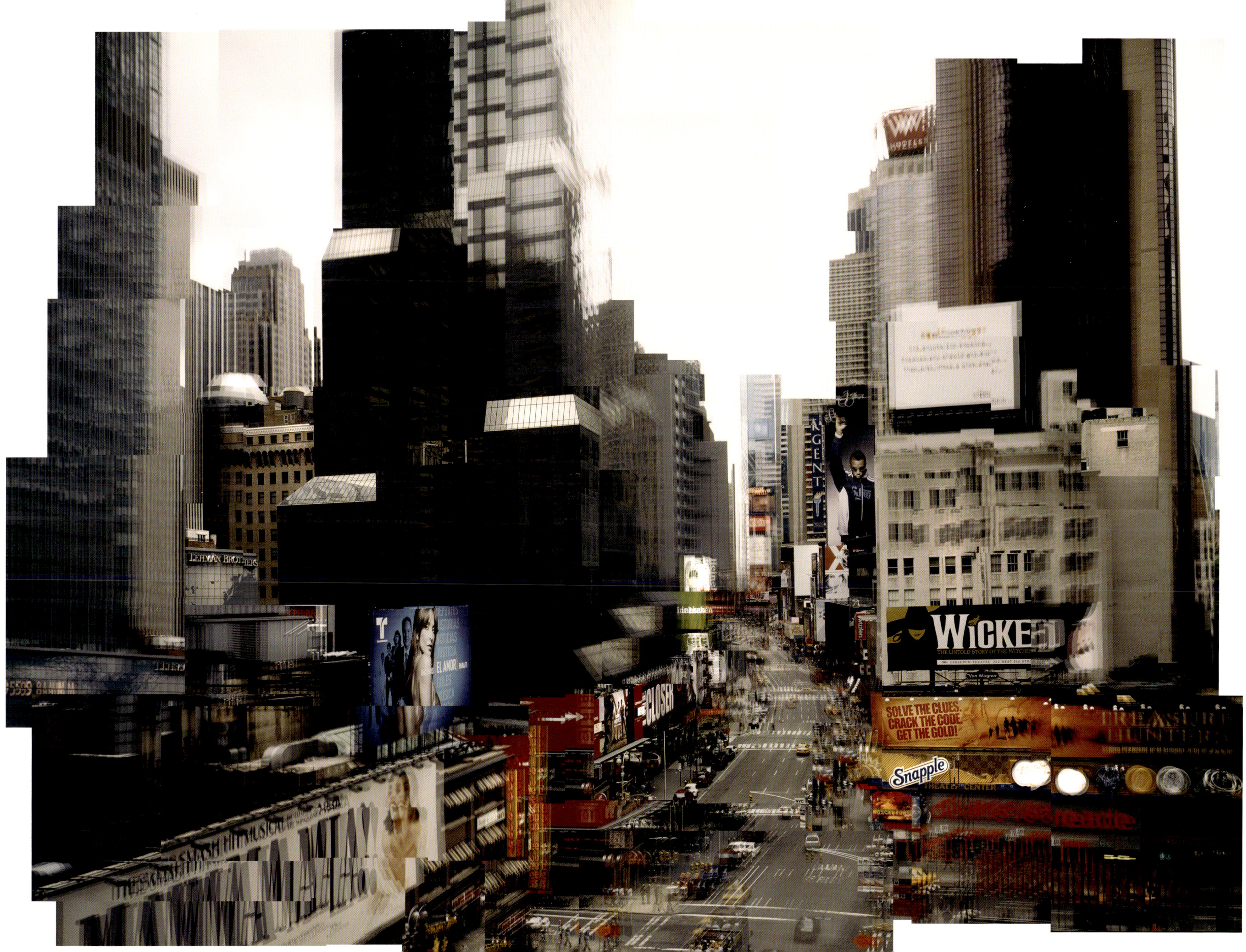

LEHMAN BROTHERS
EL AMOR
WICKED
THE UNTOLD STORY OF THE WITCHES
CLOSER
SOLVE THE CLUES.
CRACK THE CODE.
GET THE GOLD!
TREASURE HUNTERS
Snapple
THEATER CENTER
AGENT

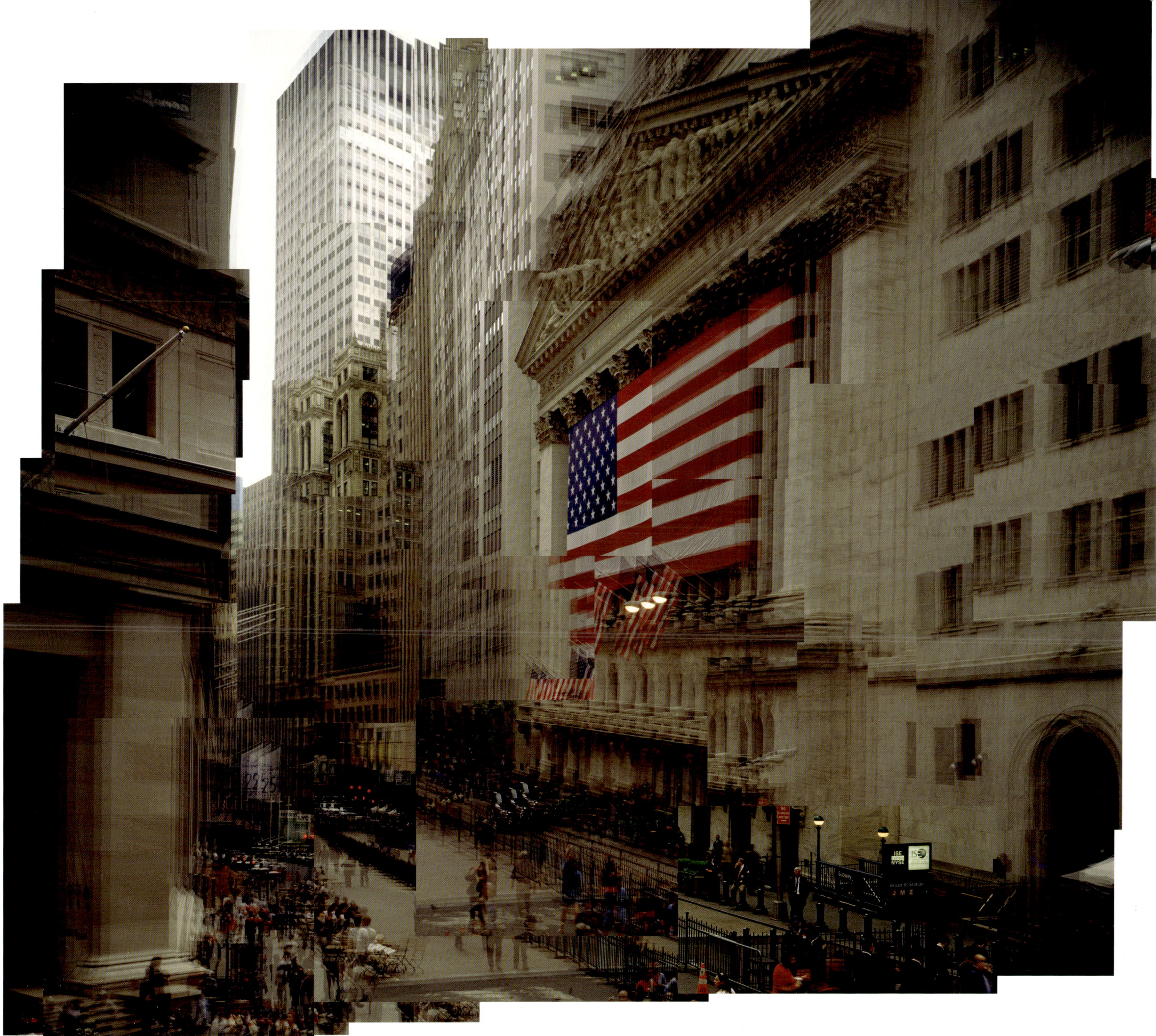

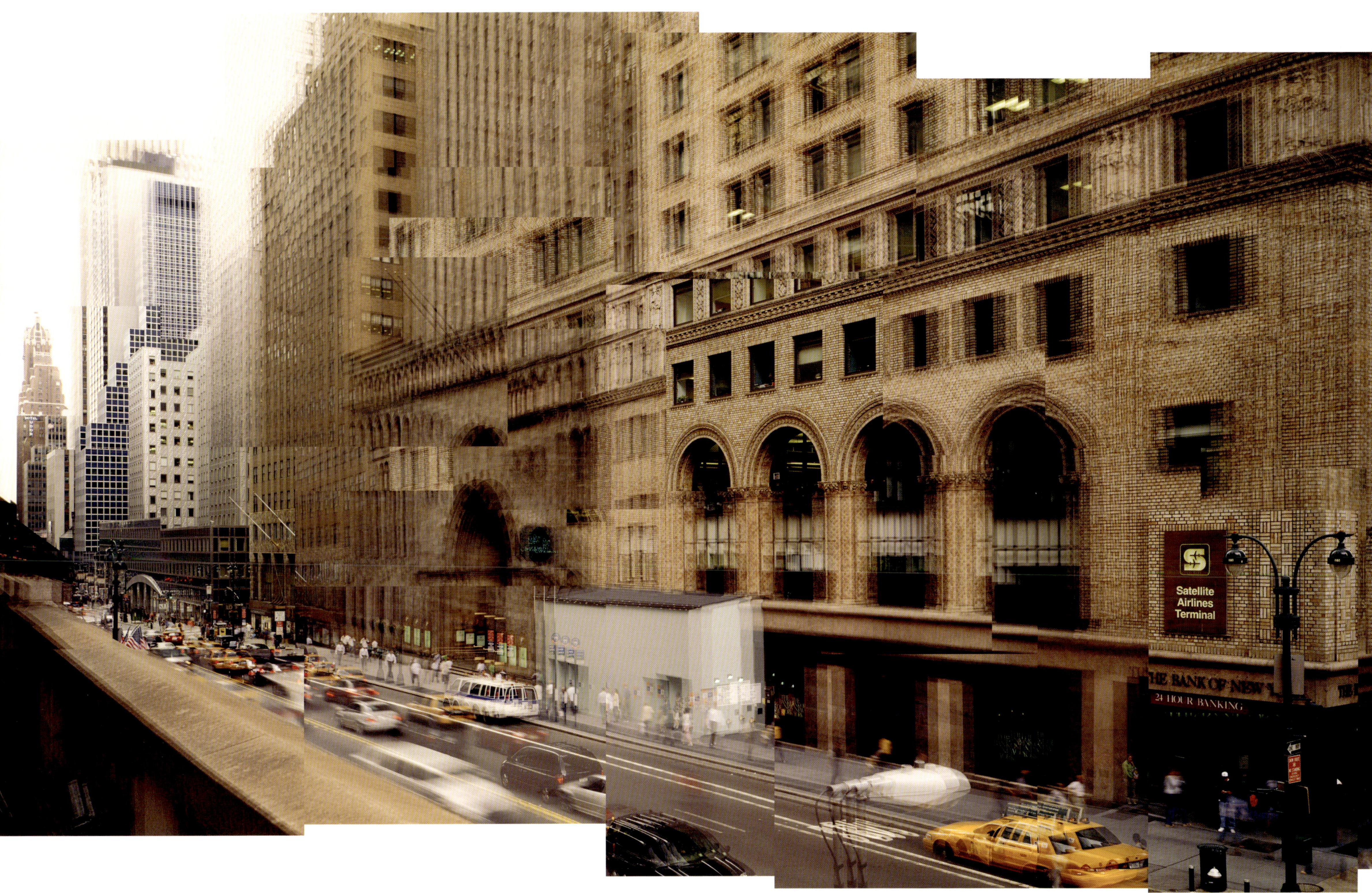
Satellite
Airlines
Terminal
THE BANK OF NEW
24 HOUR BANKING

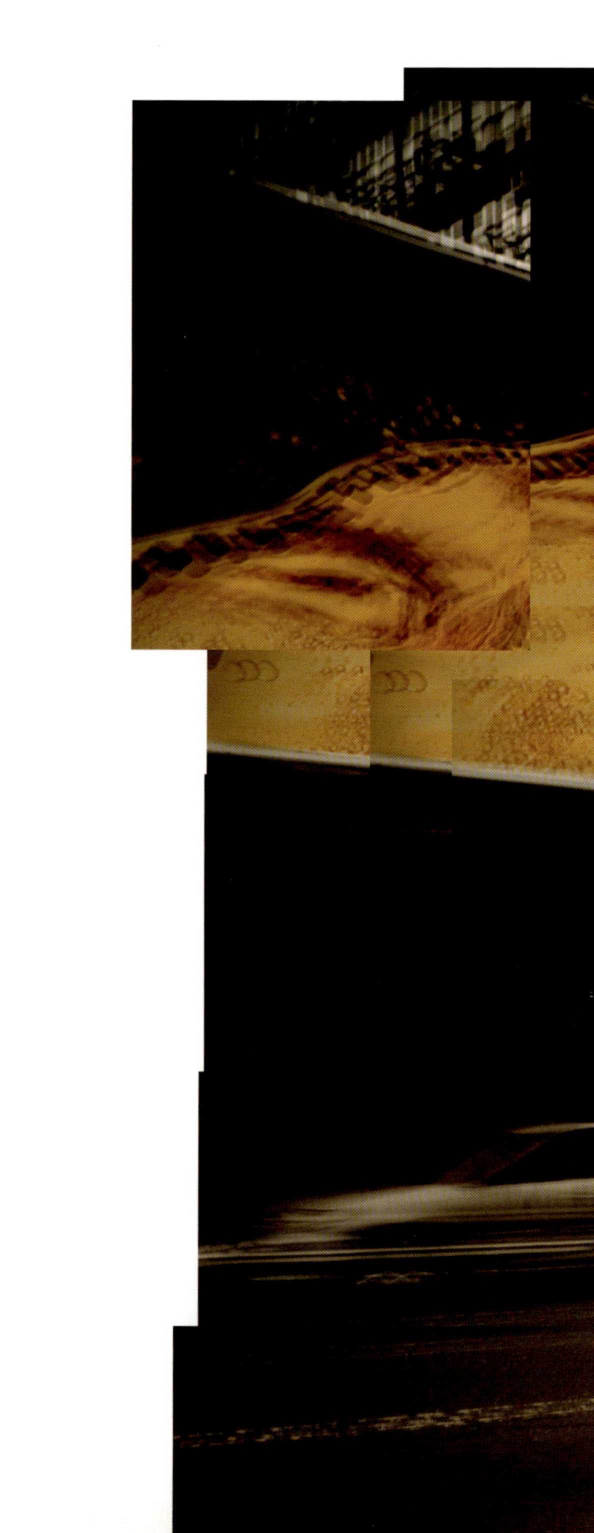

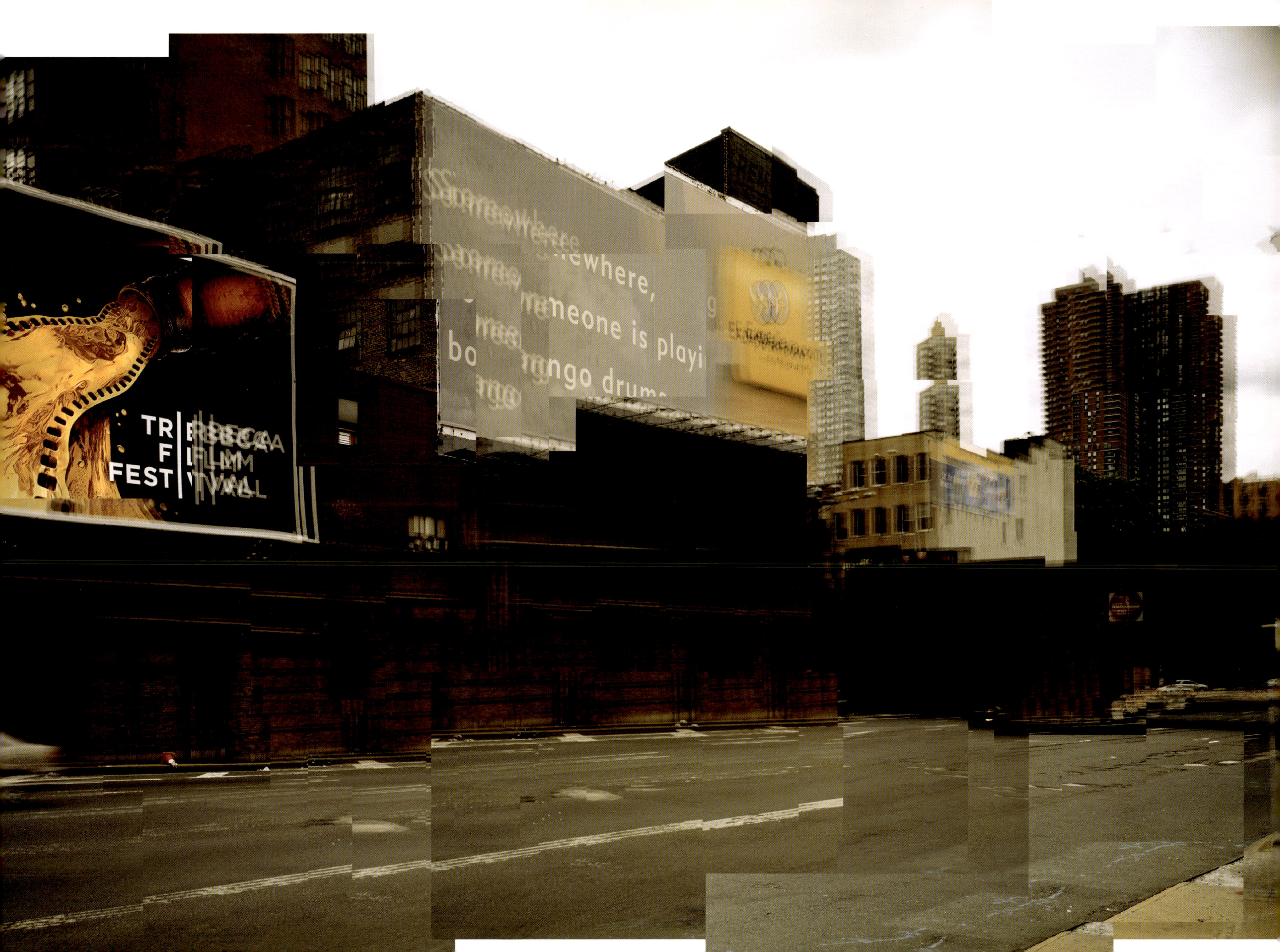
TRIBECA
FILM
FEST
TRIBECA
FILM
FESTIVAL
Somewhere,
someone is playi
bongo drums

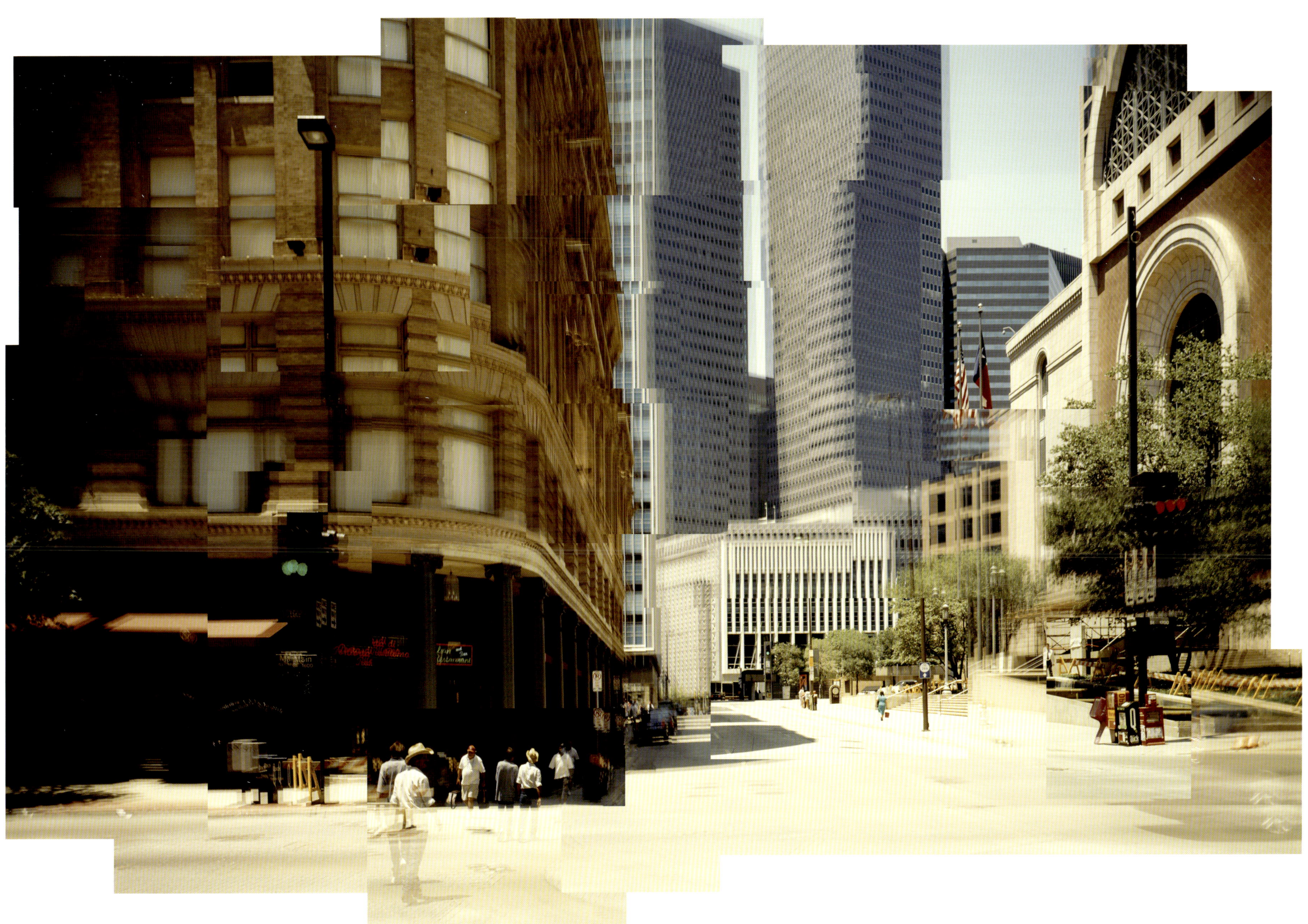

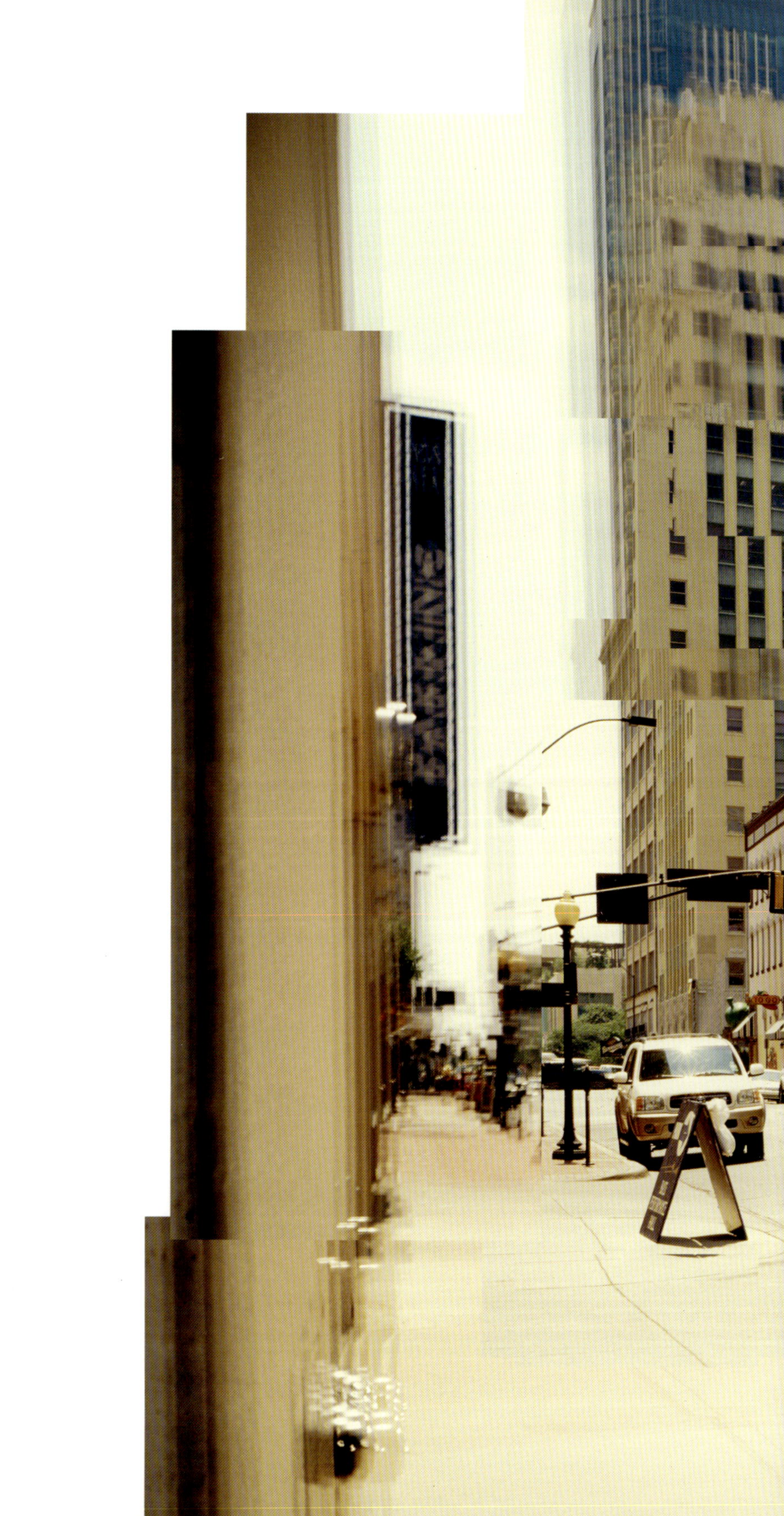

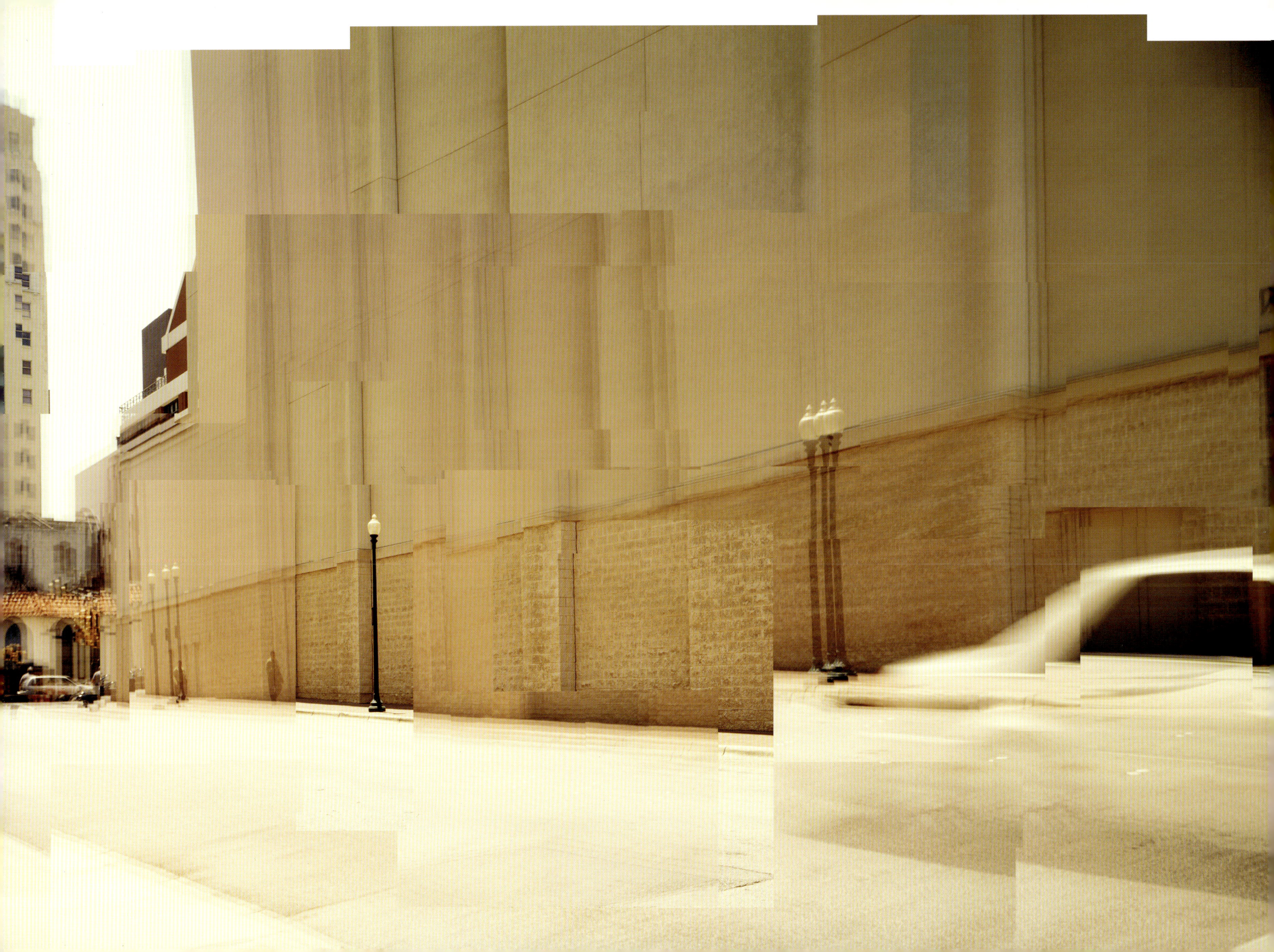

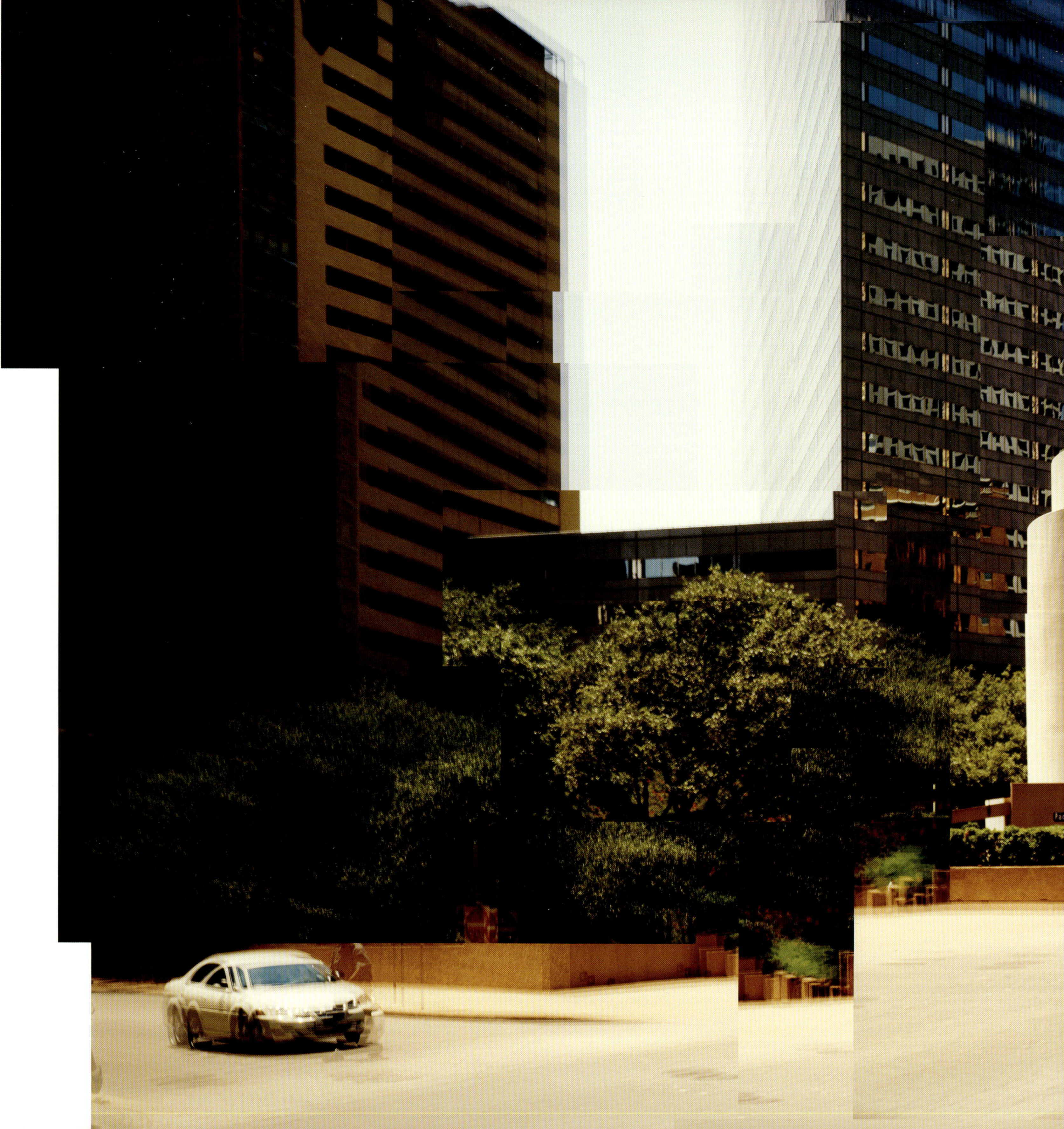

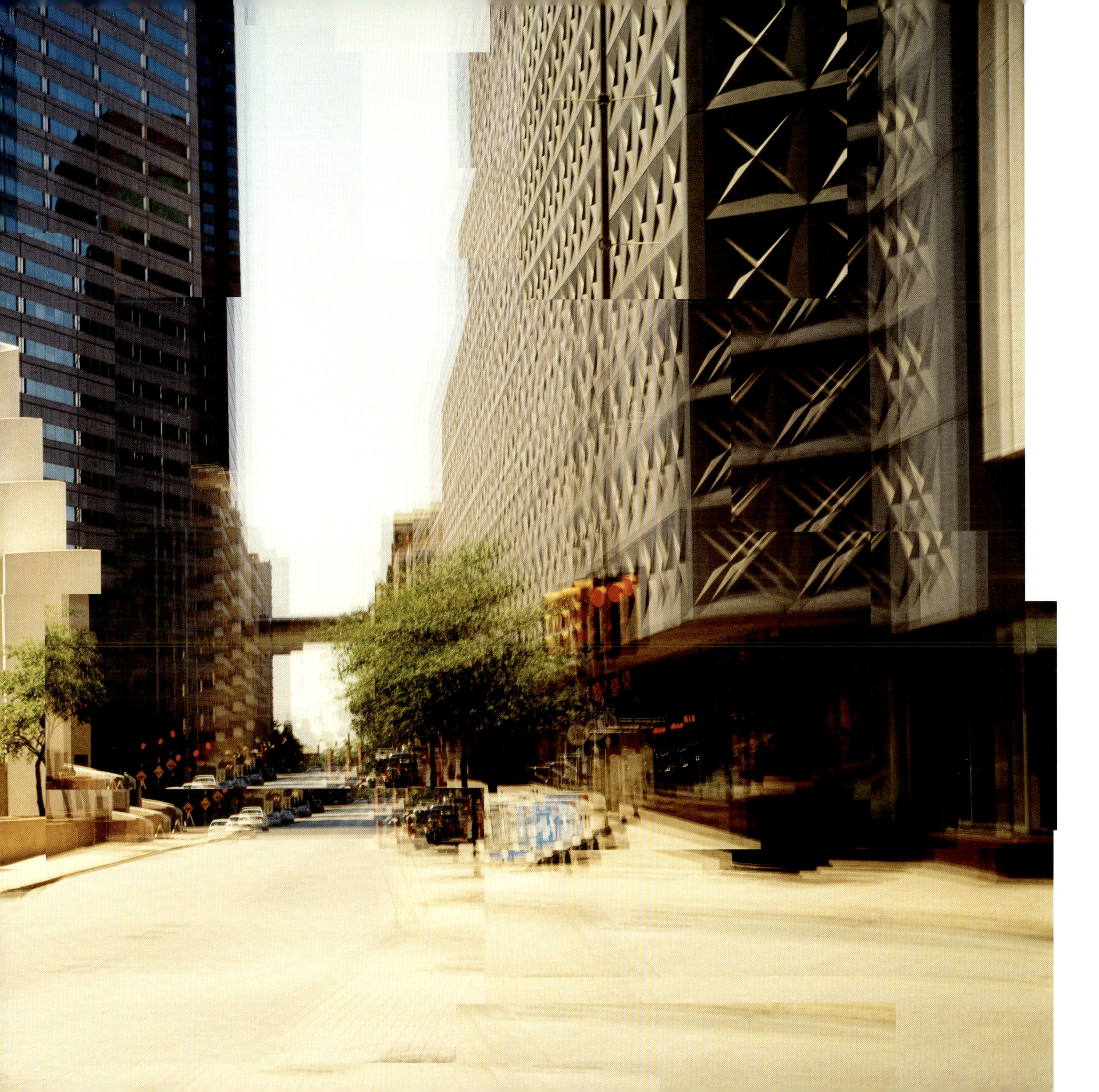

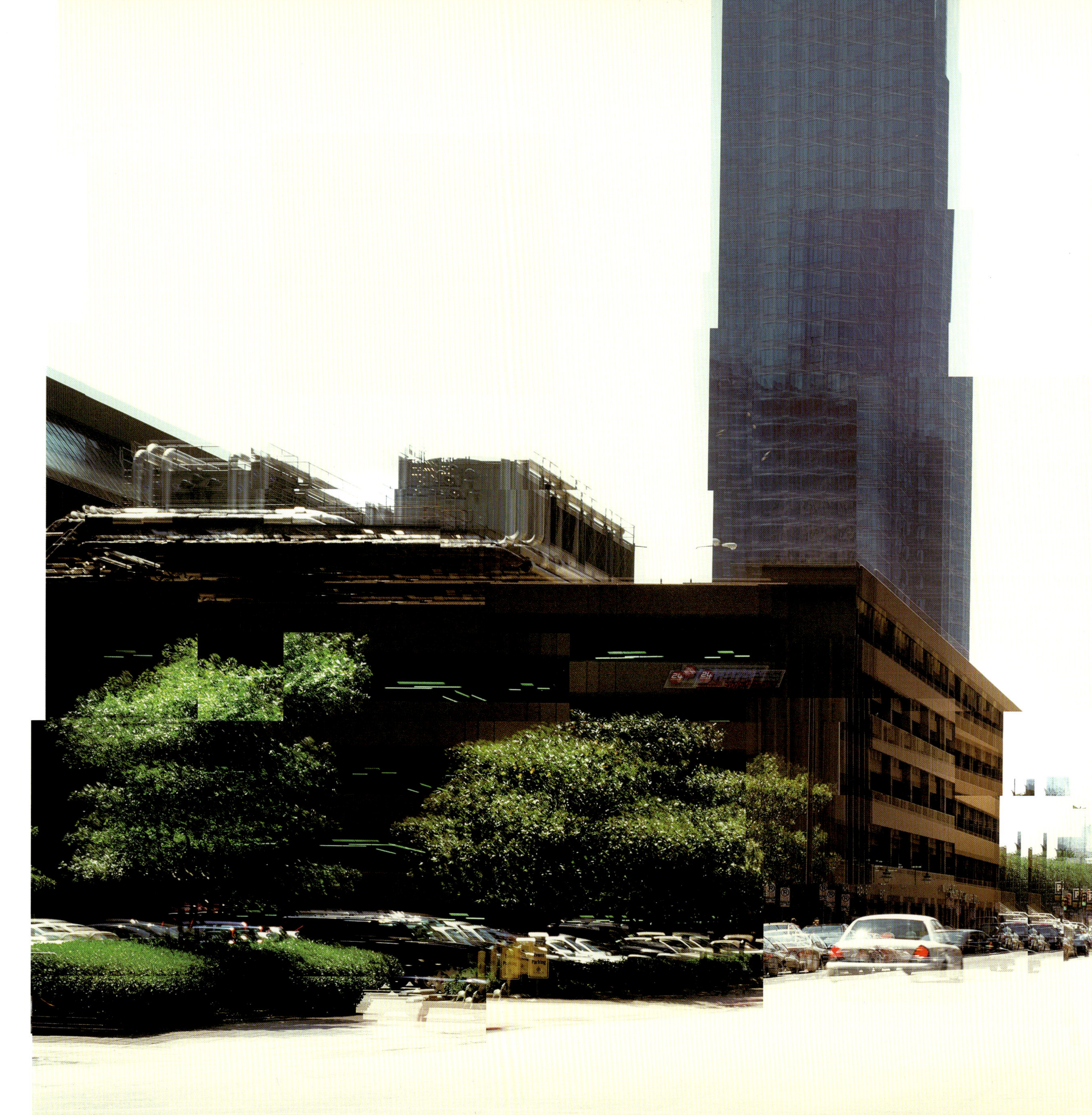

104 | Dallas 2006

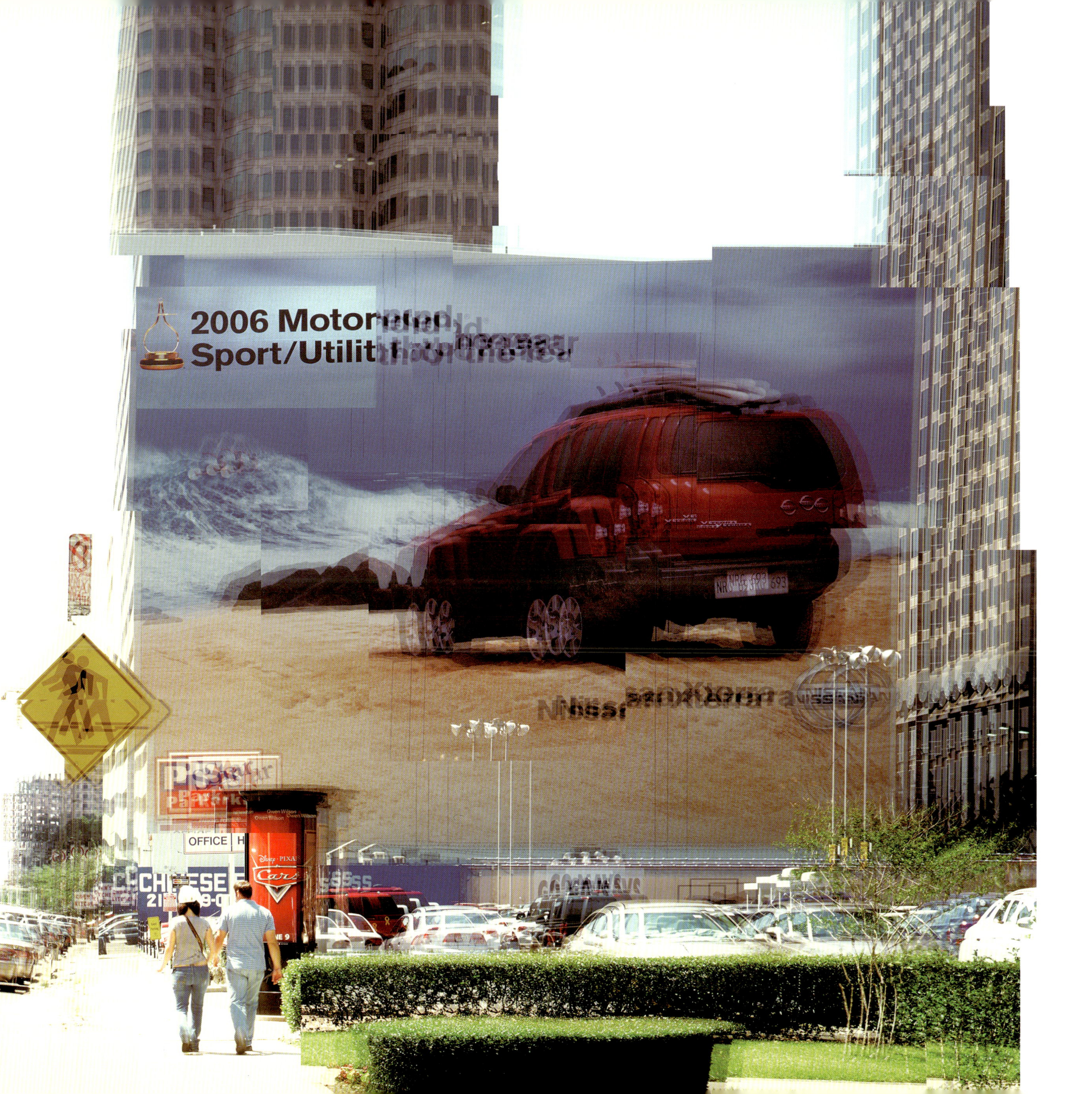
2006 Motor
Sport/Utilit
Nissan
OFFICE
CHINESE
Disney · PIXAR
Cars

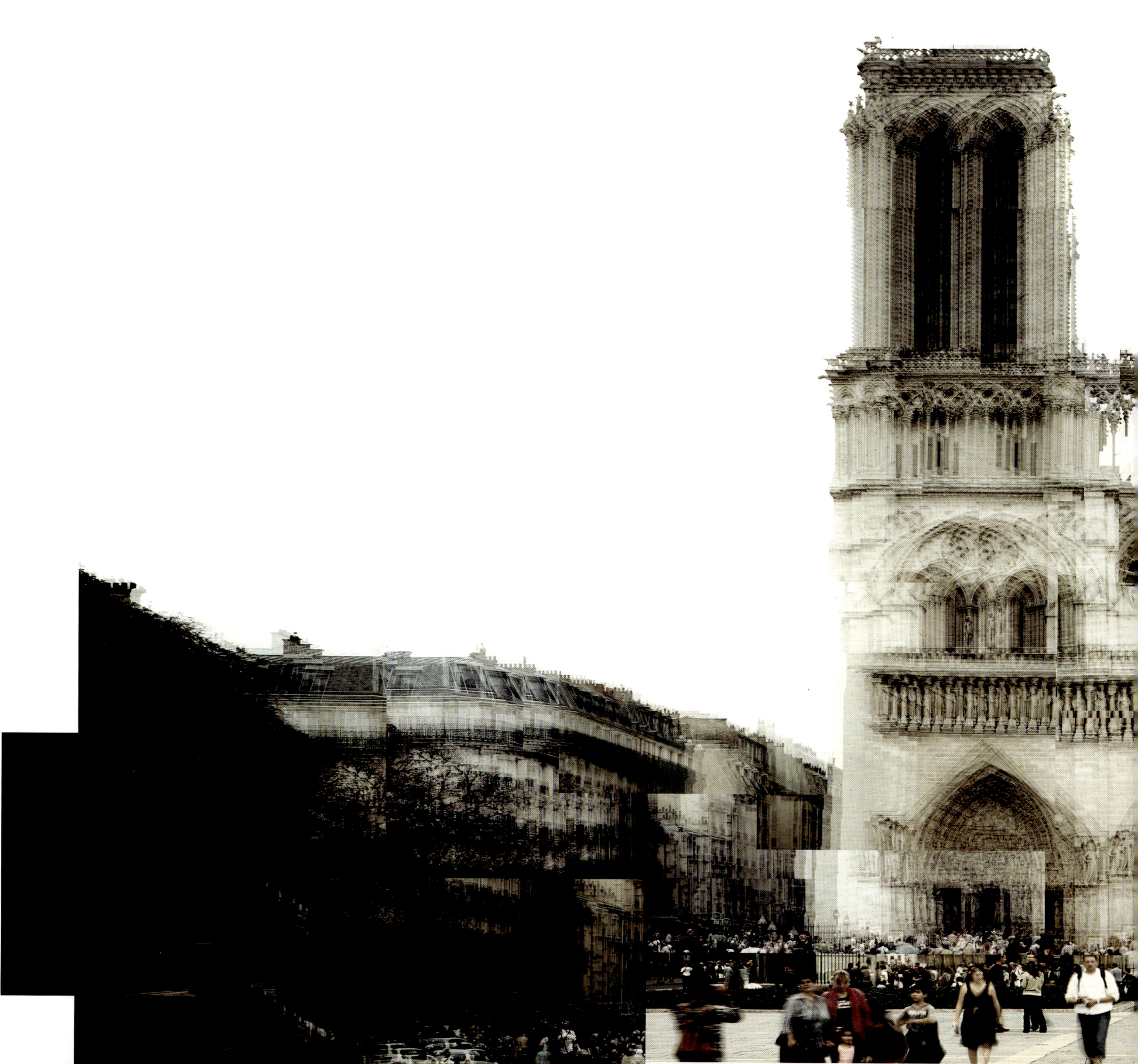

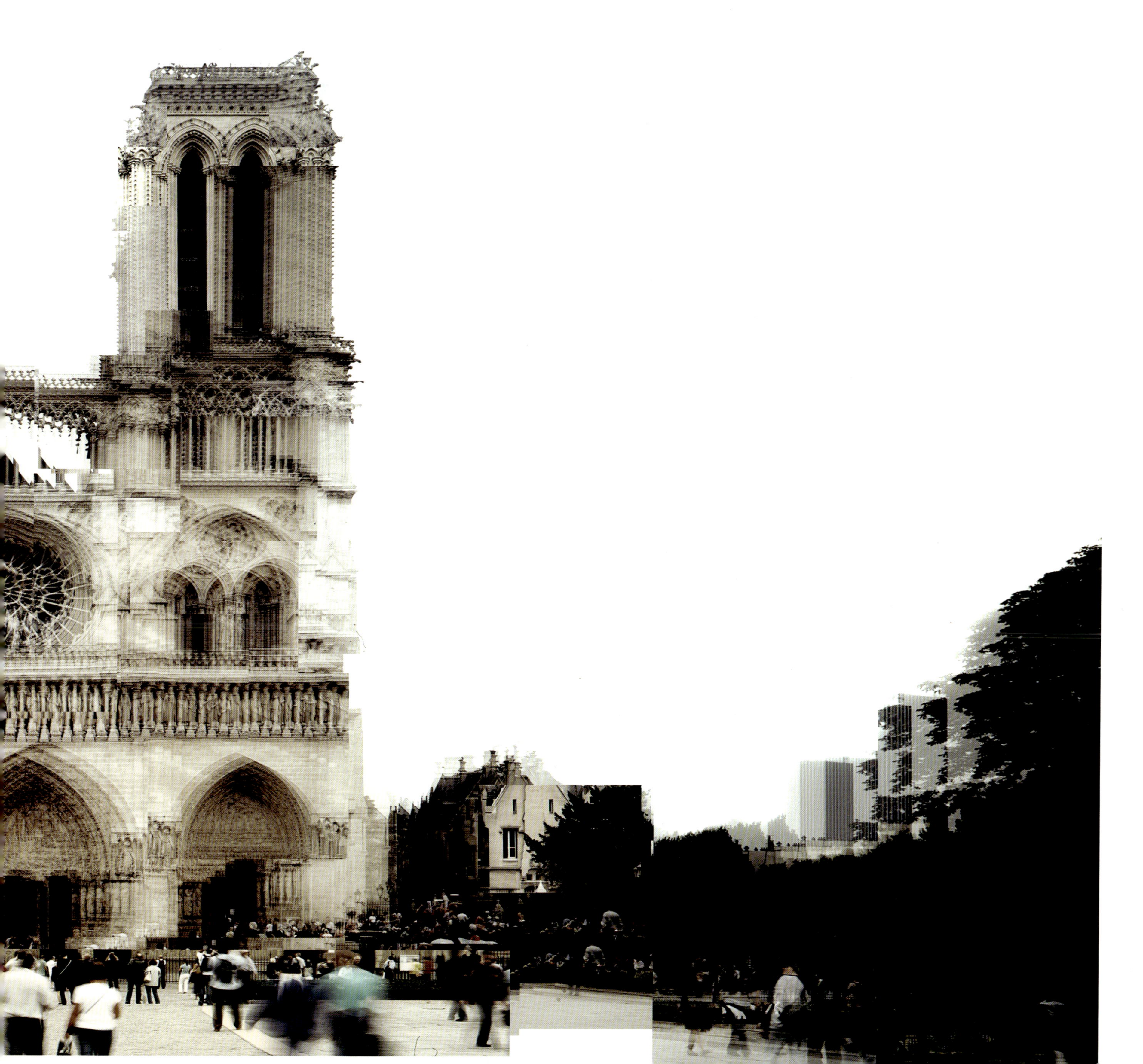

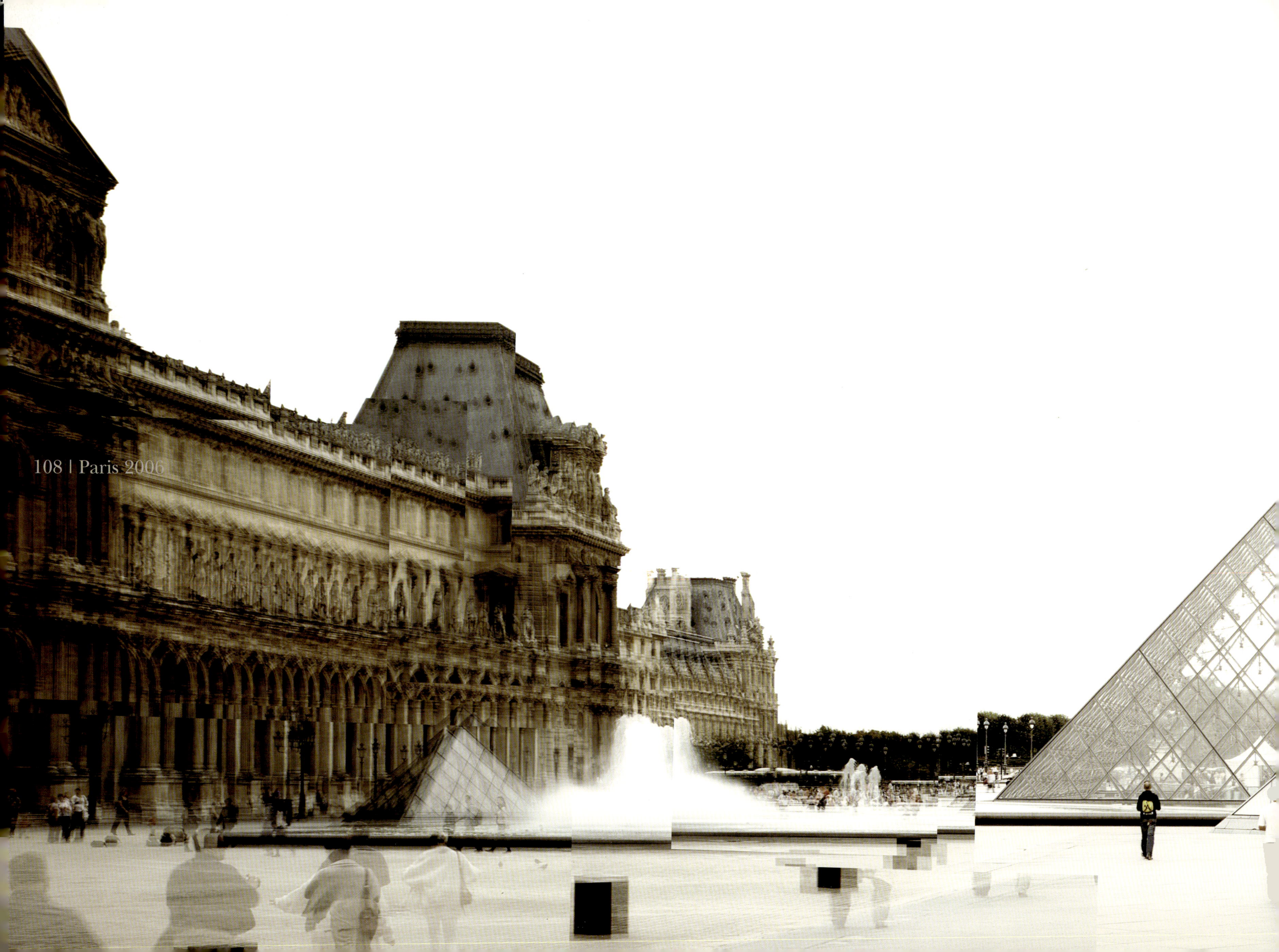
108 | Paris 2006

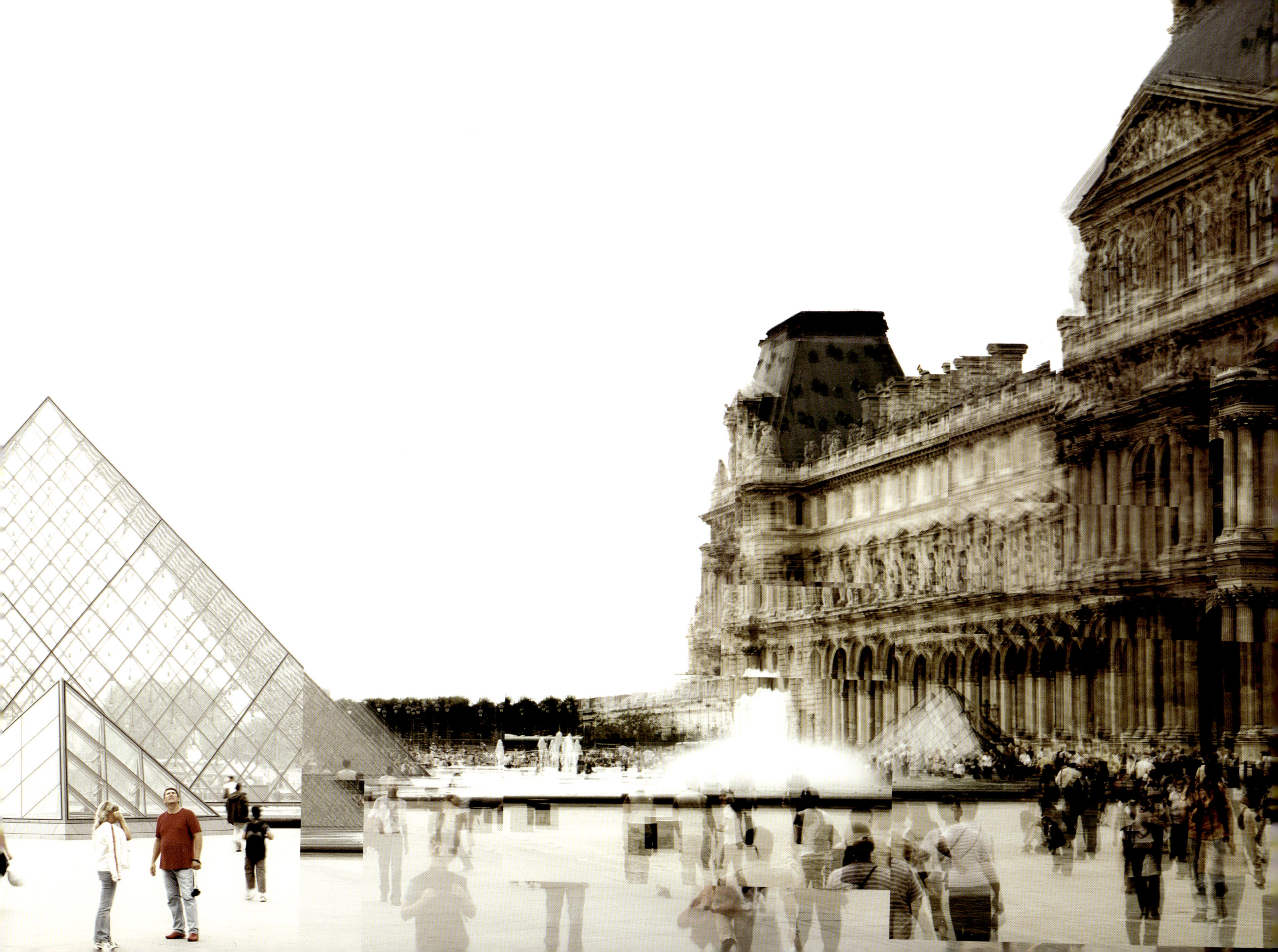

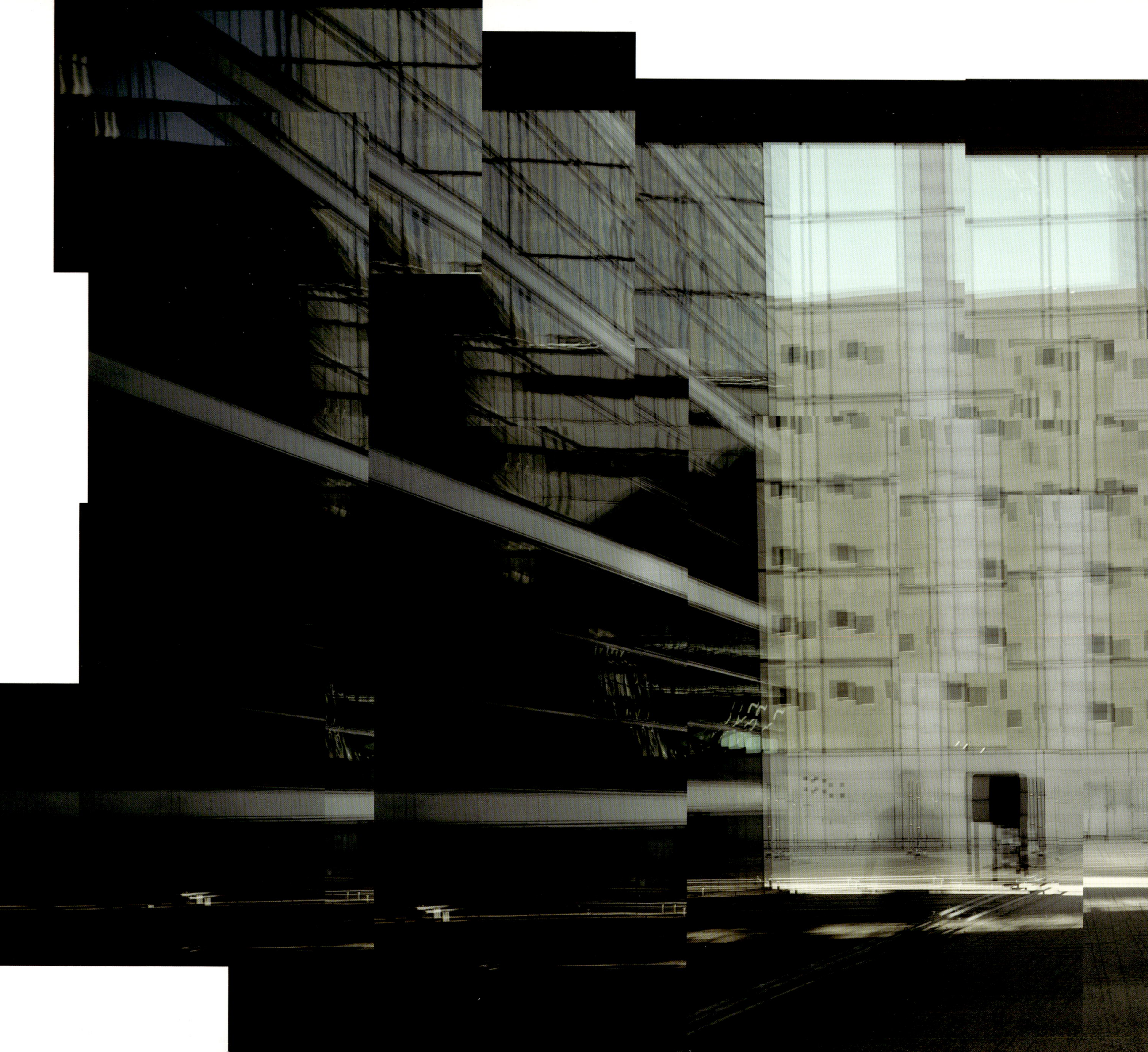

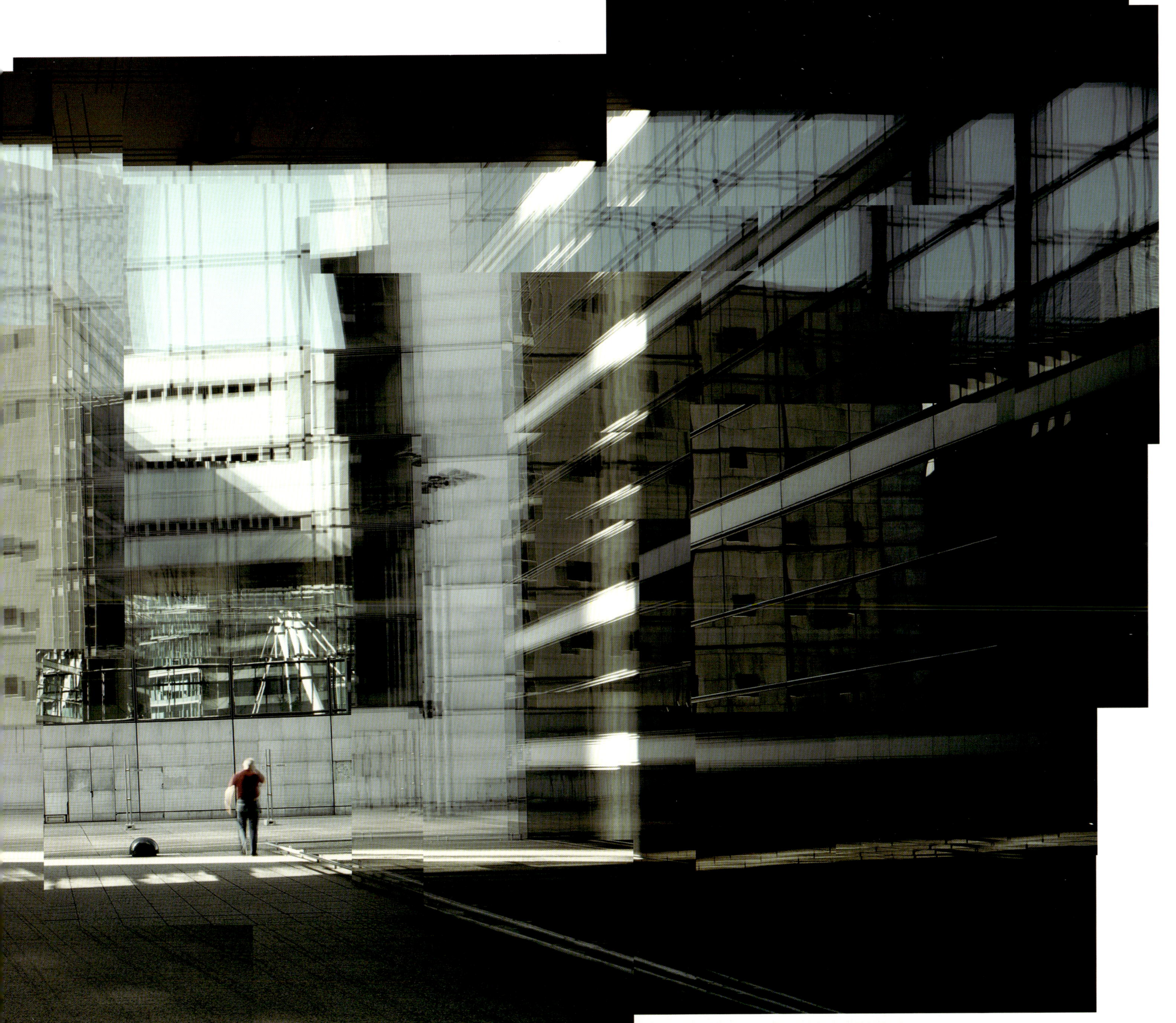

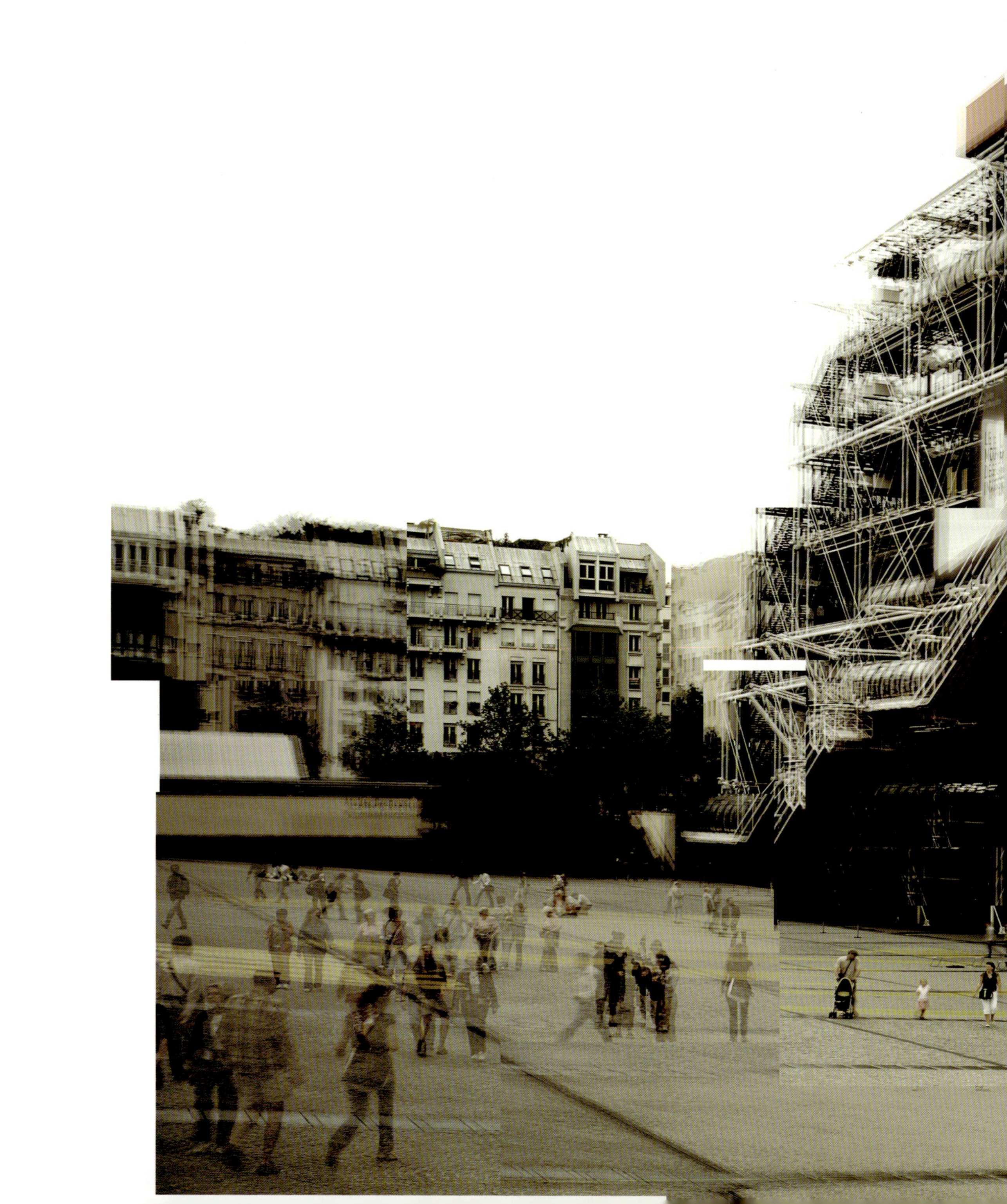

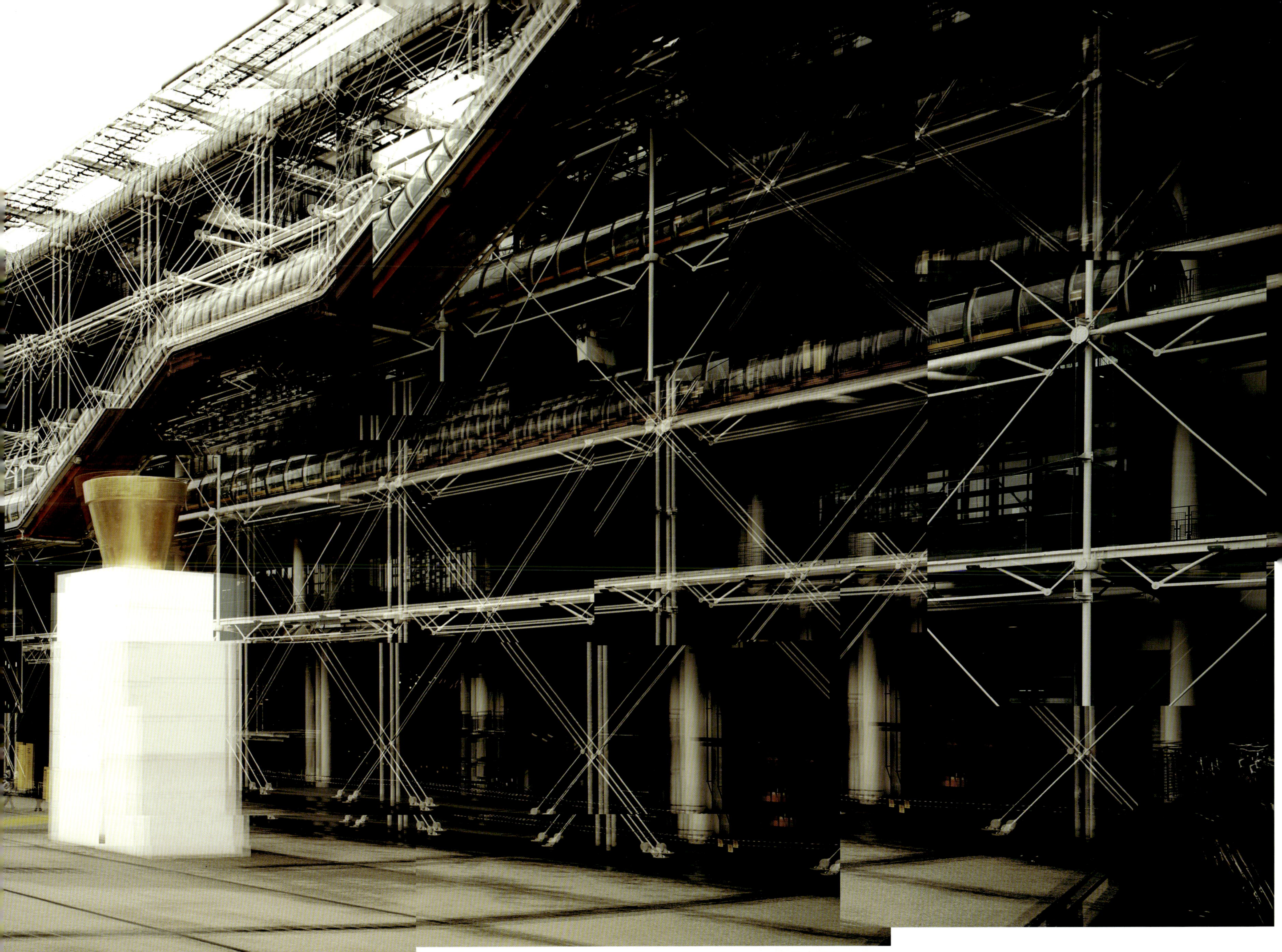

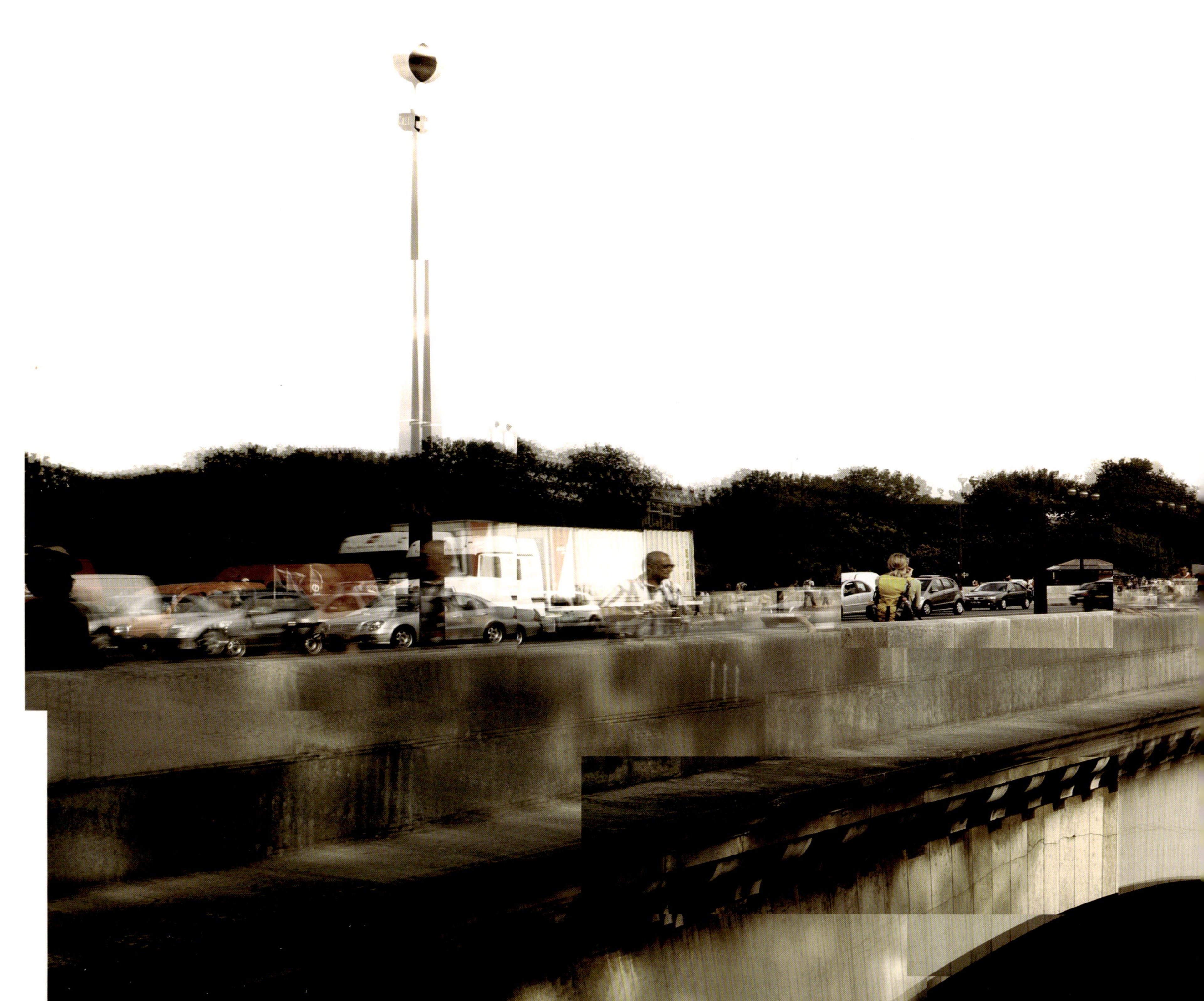

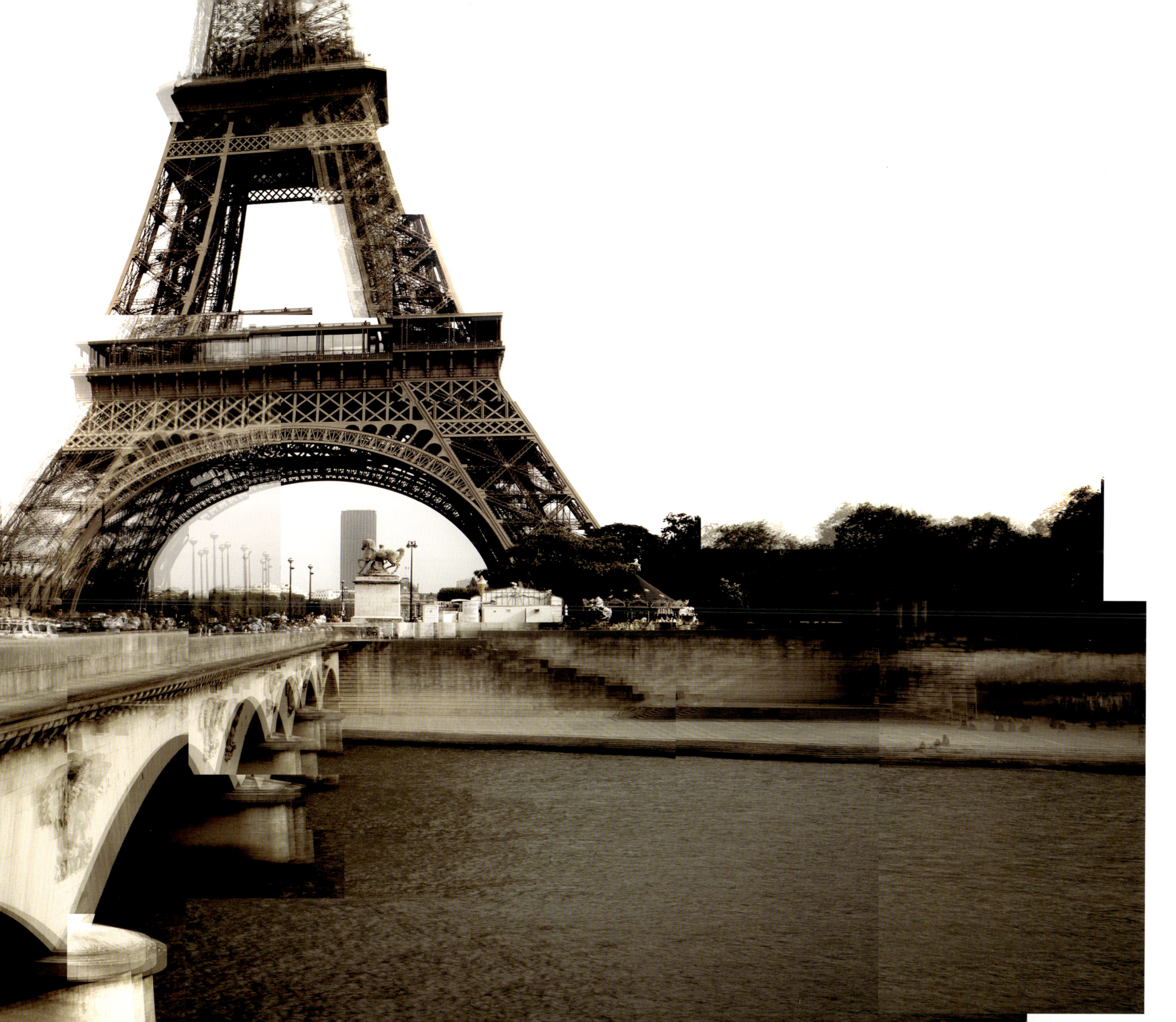

BIOGRAFIA

Nato a Firenze nel 1965, inizia ad interessarsi alla fotografia all'età di 13 anni grazie al padre, fotografo di architettura e paesaggio. Attraverso il suo insegnamento, già a 17 anni, mentre studia all'Istituto d'Arte di Firenze, inizia varie sperimentazioni in bianco nero con la sua amata Linhof.
Collabora nello stesso momento al libro del padre *Siena Lontana*, affresco di paesaggi in bianco nero della campagna senese.
Negli anni a seguire studia Architettura all'Università di Firenze, dove approfondisce l'interesse per lo spazio e la composizione.
Si laurea con il Prof. Mezzetti, con il massimo dei voti, svolgendo una tesi in semiologia sulle *Città Invisibili* di Italo Calvino.
Nel 1996 si trasferisce a Milano, dove comincia a collaborare con varie riviste.
Molto importante in questo periodo è l'incontro con l'art director di Glamour Felice Perini, che lo incoraggia a sviluppare le ricerche a colori.
Negli anni dal 1999 al 2005 svolge prevalentemente lavori commerciali per campagne pubblicitarie tra cui: Etro, Fay, Oviesse, Testoni, Wind telefonia, Libero telefonia, Vodafone telefonia, Terzani, Champion, Phyto, Lierac, Lorenz, Polis occhiali, Sting occhiali.
Contemporaneamente ha collaborato con riviste di vario genere, Elle, Glamour, Cosmopolitan, Marie Claire, Case da Abitare, Elle Decor, Amica, Io Donna, Vogue Pelle, Vogue Tessuti.
Negli ultimi anni è tornato all'amore per l'architettura e gli spazi dell'uomo, realizzando alcuni reportage in varie parti del mondo. *Views* è il suo primo libro.

BIOGRAPHY

Born in Florence in 1965, he began to take an interest in photography at the age of 13, thanks to his father who was an architectural and landscape photographer. Taught by his father, he started making various experiments in black and white, with his beloved Linhof, at the age of 17 while studying at the Florence Institute of Art.
At the same time he collaborated on his father's book *Siena Lontana*, a fresco of black and white landscapes in the country around Siena.
Subsequently he studied at the Faculty of Architecture in Florence where he developed his interest in space and composition.
He graduated with top marks, disputing a thesis with Prof. Mezzetti on Italo Calvino's *Invisible Cities* in semeiology.
He moved to Milan in 1996 where he began contributing to various magazines.
An important event in this period was his meeting with Glamour art director Felice Perini who encouraged him to develop his research in colour.
From 1999 to 2005 he did mainly commercial art for advertising campaigns such as: Etro, Fay, Oviesse, Testoni, Wind telephony, Libero telephony, Vodafone telephony, Terzani, Champion, Phyto, Lierac, Lorenz, Polis sunglasses, Sting sunglasses.
At the same time he contributed to various magazines including Elle, Glamour, Cosmopolitan, Marie Claire, Case da Abitare, Elle Decor, Amica, Io Donna, Vogue Pelle, Vogue Tessuti.
In recent years he has returned to his love of architecture and the spaces of man, producing reportages in various parts of the world. *Views* is his first book.

RINGRAZIAMENTI

Ringrazio la mia famiglia e mio padre in particolare, guida e maestro di questo mestiere meraviglioso; ringrazio Andrea, Joshua, Filippo, Marco e Alessandro, amici preziosi; ringrazio i miei assistenti e amici Andrea e Gianfranco per aver condiviso con me questa lunga avventura; ringrazio Marina, maestra di stile e favole; ringrazio Felice per avermi aiutato e guidato nei primi anni di questo mestiere; ringrazio il Prof. Mezzetti per avermi comunicato tanto anche dopo la fine degli studi; ringrazio Bruno Giromella che mi ha instradato all'amore per l'architettura; ringrazio Benedetta Barzini; la prima che a Milano ha avuto fiducia nelle mie capacità; ringrazio Arianna e Chiara per la loro curiosità e il loro stile; ringrazio Andrea Albertini, uomo di grande apertura e sensibilità e ringrazio me stesso per la mia volontà e voglia di portare a termine questo piccolo sogno.

Le immagini sono state scattate con una Linhof 4x5 pellicola.
Nessuna modifica è avvenuta tramite fotoritocco

ACKNOWLEDGEMENTS

My thanks to my family, my father in particular, guide and teacher in this marvellous trade. Thanks go to my very dear friends Andrea, Joshua, Filippo, Marco and Alessandro. I thank my assistants and friends Andrea and Gianfranco for sharing this long adventure with me. Thanks go to Marina, expert in style and fairytale, and to Felice who helped and guided me in my early years in this trade. Thanks to Prof. Mezzetti for having taught me so much, even after my student days, and to Bruno Giromella who set me on the road towards love of architecture. Thanks to Benedetta Barzini, the first person in Milan to have faith in my abilities, and to Arianna and Chiara for their inquisitiveness and style. I thank Andrea Albertini, a man of great openness and sensitivity, and I thank myself for my will and desire to follow this little dream to its conclusion.

The images were shot on 4x5 film using a Linhof.
No retouching was carried out.

Printed in Italy, November 2006 by

Grafiche Damiani, Bologna